HISPANIC TEXTS

general editor Professor Catherine Davies
Department of Spanish and Portuguese Studies, University of Manchester

series previously edited by Emeritus Professor Herbert Ramsden
Professor Peter Beardsell, University of Hull

series advisers
Spanish literature: Professor Jeremy Lawrance
Department of Spanish and Portuguese Studies, University of Manchester
US adviser: Professor Geoffrey Ribbans
Brown University, USA

Hispanic Texts provide important and attractive material in editions with an introduction, notes and vocabulary, and are suitable both for advanced study in schools, colleges and higher education and for use by the general reader. Continuing the tradition established by the previous *Spanish Texts*, the series combines a high standard of scholarship with practical linguistic assistance for English speakers. It aims to respond to recent changes in the kind of text selected for study, or chosen as background reading to support the acquisition of foreign languages, and places an emphasis on modern texts which not only deserve attention in their own right but contribute to a fuller understanding of the societies in which they were written. While many of these works are regarded as modern classics, others are included for their suitability as useful and enjoyable reading material, and may contain colloquial and journalistic as well as literary Spanish. The series will also give fuller representation to the increasing literary, political and economic importance of Latin America.

Bodas de sangre

MANCHESTER
UNIVERSITY PRESS

HISPANIC TEXTS

also available

Federico García Lorca

Bodas de sangre

edited with introduction, notes and vocabulary by

H. Ramsden
Emeritus Professor at the University of Manchester

Manchester University Press
Manchester and New York

distributed exclusively in the USA by Palgrave

Spanish text based on OBRAS COMPLETAS © 1954 by Aguilar
S.A. de Ediciones. All rights reserved. Reprinted by permission of
New Directions Publishing Corporation, New York, agents for the
estate of Federico García Lorca

Introduction, notes etc. © Herbert Ramsden 1980

The right of Herbert Ramsden to be identified as the author of this work has been
asserted by him in accordance with the Copyright, Designs and Patents Act 1988.

Published by Manchester University Press
Oxford Road, Manchester M13 9NR, UK
and Room 400, 175 Fifth Avenue, New York, NY 10010, USA
http:///www.manchesteruniversitypress.co.uk

Distributed exclusively in the USA by
Palgrave, 175 Fifth Avenue, New York, NY 10010, USA

Distributed exclusively in Canada by
UBC Press, University of British Columbia, 2029 West Mall,
Vancouver, BC, Canada, V6T 1Z2

British Library Cataloguing-in-Publication Data
A catalogue record is available from the British Library

Library of Congress Cataloging-in-Publication Data applied for

ISBN 0 7190 0764 X

First published 1980

08 07 06 05 04 03   16 15 14 13 12 11

Printed and bound in Great Britain by
Biddles Ltd, *www.biddles.co.uk*

A Joaquín y Maruchy
andaluces de pro

CONTENTS

PREFACE

The present edition is aimed at sixth-formers and university undergraduates. In preparing it I have been indebted to many people and organizations: to Don Francisco García Lorca and New Directions for permission to publish; to Doña Isabel García Lorca and the Editorial Aguilar for permission to reproduce the music of the songs (from the Aguilar *Obras completas*); to the British Academy and the University of Manchester for supporting research in Spain; to Spanish friends and colleagues for discussing textual difficulties; to the BBC for allowing me to use material from a radio talk that I gave in 1974; to my first-year Honours students and to a number of enthusiastic teachers and sixth-formers for guidance in the selection of vocabulary and notes; to Miss Margaret Albinson for liaison with schools; to the staff of the Manchester University Press for help and indulgence in many aspects of the edition. Finally, as always, I have been especially indebted to my wife who probed the text with me, prompted critical observations, prepared the typescript and helped me to check the proofs.

1979 H.R.

INTRODUCTION

Nor can any mortal man at all escape
Against whom Zeus arouses evil.
Sophocles

A CRIME IN NÍJAR

During the summer of 1928 from 25 to 28 July, the Spanish press
was covering enquiries into a crime committed near Níjar, a village in
the Andalusian province of Almería. Mere hours before she was due
to be married a young woman had eloped with her cousin who had
subsequently been found dead. The girl herself had been discovered
by the Guardia Civil with her clothes torn. Initially she claimed that, as
she and her cousin were fleeing, a masked man had approached them
and fired four shots, killing the cousin, and that she herself had had
an accident. Under interrogation she finally admitted that they had
been discovered by her sister and her sister's husband (who was also the
bridegroom's brother) and that the husband had killed the eloping
cousin. She herself had been attacked by her sister, strangled and left
for dead. Her brother-in-law subsequently confessed to the crime:

> Declaró que bebió con exceso en el cortijo [where he had been
> waiting with the other guests for the arrival of the *novia*] y
> que se encontró en el camino a los fugados. Entonces, sintió
> tal ofuscación y vergüenza por la ofensa que se infería a su
> hermano, que se abalanzó sobre Francisco [the cousin], al que
> arrebató un revólver del que ya había hecho uso, disparándole
> tres tiros que le produjeron la muerte. (*A B C*, 28 July 1928)

In view of this declaration the examining magistrate ordered the
release of the *novio* and the *novia*'s father, both of whom had been
arrested on suspicion.[1]

[1] For a more detailed study of the relevant facts, see the article 'Vive
todavía la protagonista de *Bodas de sangre*' (in *Blanco y Negro*,
8 February 1964) by José-Jesús L. Morales, the rediscoverer of the
Níjar episode. Morales also reproduces an extensive local *romance*
(ballad) inspired by the same crime and still remembered by some of
the older inhabitants of Níjar. Much the same ground is covered by
Fernando Valls Guzmán in 'Ficción y realidad en la génesis de *Bodas de
sangre*', in *Insula* 368–9 (julio–agosto 1977).

On internal evidence alone one could perhaps reasonably accept this as the source for Lorca's *Bodas de sangre*. But external evidence lends its own support. In 1933, a few months after the première of the play (8 March 1933), the poet himself declared that the idea had come to him some four years earlier, as the result of a crime reported in the Spanish press, and his brother Francisco later recalled that the crime in question took place in a village in Almería. The discovery of the press reports, in 1963, confirmed what scholars suspected: that here as in other works by Lorca a specific real-life incident had fired artistic creation.

But real-life incident was only the starting-point. Besides, much of it was irrelevant to Lorca's classical concept of tragedy. Involved family relationships and intermarriages, a brawl between the bride and her sister, the intervention of the bridegroom's brother, the fact that the real-life bride had been given a substantial dowry to compensate for her lameness and a pronounced squint – these things were irrelevant to Lorca's aims and they were consequently left aside. In the play itself facts have been selected, transformed, supplemented and orchestrated. A rather sordid real-life crime has become the subject of a poetic tragedy that could have been written by no one but Lorca.

AN OUTLINE OF THE PLAY

Act I

Scene i. A young man prepares to go off to the vineyard and asks his mother for a knife to take with him. This immediately prompts an outburst. Tormented by the death, first of her husband and then of her elder son, at the hands of the Félix family, the Madre fears for her remaining son and her fear is inexplicably bound up with his intended marriage to a girl who is so far unknown to her. Again and again the Madre shakes off her obsession and her foreboding, and again and again the obsession and the foreboding return. As the son leaves, a neighbour enters and in answer to the Madre's questions reveals that the Novia was once engaged to Leonardo of the dreaded Félix family. The title of the play has become ominously relevant. Reality, it seems, has started to conform to irrational foreboding. As the scene ends, the Madre moves across the stage, stops and slowly crosses herself — a significant invocation of powers of good at a moment of special awareness of the threat of powers of evil.

Scene ii. As the scene opens, two women, apparently a mother and daughter, are singing a baby to sleep with a cradle song. A horse shies at a river's black water and the water refuses to flow. The husband of the younger woman enters. He has just been to the smithy. His horse is always losing its shoes though he hardly uses it; he is reported to have been seen in the distant *secanos* but he denies he was there; his horse is bathed in sweat as though it has come from the ends of the earth. The wife talks of her cousin's forthcoming marriage and the situation becomes clearer: the husband is presumably Leonardo 'el de los Félix', the former *novio*. A girl enters with news of the wedding presents that the bridegroom and his mother are buying, and Leonardo, whose name is now spoken for the first time in this scene, goes off in a fury. The Madre's dread of the Félix family and her foreboding about her son's proposed marriage have been brought closer together: Leonardo's interest in his former *novia* is apparently still very much alive. The baby wakes up as his father storms out and the wife and her mother (Mujer and Suegra) take up again the lullaby theme of the anguished horse. We have heard the lines before, but now they have taken on new significance. The shying horse of the song, with its wounded hoofs, has become associated with Leonardo's horse, and the song's ill omen of dagger and free-flowing blood has become more clearly relevant both to the title of the play and to the Madre's foreboding in Scene i. What began as a scene of pink optimism of mother and baby ends in tears: tears of the horse in the lullaby and tears of the wife in the play.

Scene iii. The curtain rises on a cave-dwelling, predominantly white with touches of pink (visually closer to Leonardo's house, with its pink and its flowers, than to the Novio's, which was yellow), and the Madre and the Novio are shown in. They have been travelling for four hours across the barren, empty *secanos* so that the Madre can fulfil the formal *petición de mano*. The Padre enters and the marriage is arranged. The Novia is allowed in and she receives admonition and presents from the Madre. Refreshments are offered, the *novios* make an appointment for the following day, and the mother and son leave. The Novia, submissive before her future mother-in-law, is ill-tempered with the maid — 'como si no tuvieras ganas de casarte'. The bright light of the beginning of the scene grows gradually dim. '¿Sentiste anoche un caballo?' asks the maid. 'Llevaba jinete,' she continues, and that rider was . . . Leonardo. ' ¡Maldita sea tu lengua!' But at this very moment a horse is heard. 'Mira, asómate. ¿Era?' says the maid. ' ¡Era!' The curtain falls rapidly.

In the first act Lorca has presented successively the three main characters in the central triangle of action and at the end of the act they have come dangerously close together. The Madre's irrational dread and foreboding have been given substance. The tragedy now seems inevitable. Step by step hidden forces are moulding reality to themselves. Underlying those forces, giving them direction, is the Madre's irrational, prophetic foreboding of the first moments of the play.

Act II

Scene i. It is early morning, before sunrise, and the Novia is being prepared for her wedding. Her apparent misgivings contrast with the joy of the Criada, who breaks into a bridal song. This is interrupted by the arrival of Leonardo, the first of the guests, in sullen mood. A little less white blossom, he says, would suit the Novia better. The Novia is incensed and mutual recriminations about their broken *noviazgo* succeed amidst increasing passion. Leonardo warns her of the futility of trying to suppress love and she trembles helplessly. But he will talk to her no more, he says; 'Yo me casé. Cásate tú ahora.' As the bridal song is heard again outside the house, the Novia runs off. Leonardo repeats his assurance, this time to the maid, that he will not approach the Novia again and the day begins to grow light. Guests enter with song and greeting. Joy and animation increase.

> La novia, la blanca novia,
> hoy doncella,
> mañana señora.

Ironic joy! When the *blanca novia* does appear she is dressed in black. She is eager to be married, for she clearly sees in marriage a defence against her love for Leonardo. As the wedding guests leave for the church, singing again of the *white* girl and her joyful setting forth, Leonardo and his wife are quarrelling. The bridal chorus is heard once more as the curtain falls slowly on an empty stage.

Scene ii. The scene opens, several hours later, in front of the Novia's cave dwelling, and the maid is singing as she prepares for the returning wedding party. It is a song about the joys of marriage, but in the total context of the play it appears also as a song of warning. The Madre and the Padre arrive and at the mention of Leonardo, who has rushed ahead of the rest, the Madre gives way to her obsession about the bloodshed his family has caused. The consolation is to be sought in grandchildren. But now the guests are gathered, guitars are heard, and the sound of dancing and revelry. Amidst the growing animation Leonardo comes and goes like a spectre of ill omen, pursued by his increasingly anxious wife. The Novia is depressed and fearful, and the Novio moves between platitudinous, unimpassioned conversations with his unresponsive bride and talk and banter with the maid and the wedding guests. As the Madre gives her son advice on how to behave towards his wife the Padre comes in looking for his daughter. Against the background scene of rejoicing the search for the daughter becomes more and more agitated as more and more people join in. '¿Dónde está tu hija?' asks the Madre. But it is Leonardo's wife who gives the answer: '¡Han huido! ¡Han huido! Ella y Leonardo. En el caballo. ¡Iban abrazados, como una exhalación!' The Novio calls for a horse and the Madre echoes his call. When the horse is there she vacillates. The foreboding. But he must go. There are two camps now. The hour of bloodshed has returned.

Act III

Scene i. The final act opens in an eerie nocturnal setting of damp tree trunks. Three woodcutters comment like Greek Fates on the pursuit that we cannot see, on its fatal cause and its inevitable outcome, and they leave with an entreaty to the moon to allow a branch of shade for the fleeing lovers. But the moon, in the form of a young white-faced woodcutter, craves the warmth of fresh blood and is resolved on the killing. Death herself enters as an old beggar woman and appoints the time and the place, whereupon she is joined by the moon in greedy gloating over the approaching bloodshed. The Novio appears, intent on his revenge, and Beggar Death offers to guide him. As they go off, the woodcutters return beseeching the moon to spare the lovers. But even as they disappear among the tree-trunks Leonardo and the Novia enter. The Novia is struggling to escape, but not from any physical power. '¡Ay, qué lamento, qué fuego/me sube por la cabeza!' Leonardo takes up her lament. They have fought against their passion, but in vain. 'Se abrasa lumbre con

lumbre. / [. . .] / Clavos de luna nos funden / mi cintura y tus caderas.'
The scene is violent and sensual. They leave as people approach. The
moon appears and the scene is bathed in strong blue light. The two
violins of the wood begin to play but are cut off suddenly as two
long cries pierce the air. The beggar woman, with her back to the
audience, opens her black shawl like a great bird opening its wings.
The moon stops dead and the curtain falls in complete silence.

Scene ii. In a large arched room of pure white, church-like simpli-
city two girls are winding wool and singing of the wedding to which
they did not go and from which no one has returned. But they know
what has happened and their song joins with that of a younger girl to
confirm the suspected outcome and to prepare for the lamentation:

> Amante sin habla.
> Novio carmesí.
> Por la orilla muda
> tendidos los vi.

The Mujer and Suegra enter first, the Suegra pressing upon her
daughter the need to accept, now, a widowed life of loneliness. As
they leave, the beggar woman passes by, asking for food and gloating
over the double death that she has just seen. Then the young girls
themselves go off and the stage is empty for a moment before the
Madre appears, stoically resolved on silence. Her anger bursts out
when she sees the Novia, but it is soon succeeded by indifference.
Nothing matters now. All are dead. The Mujer re-enters and intones
a lament for her dead husband and the Madre laments for her son.
Then the theme of lamentation becomes more general and the
women join in seeking resignation in the Cross. The outcome was
decreed. The knife fulfilled — and fulfils — its appointed function.

THE ELEMENTS OF FATE

A mere outline of the plot suggests something of the play's atmosphere of inevitability. Even the title has become a clear pointer to
the fatal outcome by the time the first act is over and, despite
momentary relaxations of tension, the subsequent action appears as
a progression towards the preordained. There are three main elements
in this fatal progression: heredity, which points to the outcome;
circumstances, which offer the means; passion, which provides the
impulse.

The play starts in a realm of obsession and foreboding with the most mysterious of the three: heredity. The Madre is obsessed with the killings in her family and fears for her only remaining son. Moreover, though she knows nothing but good of the Novia, she feels inexplicable misgivings about her and regrets not knowing what her mother was like. It is characteristic of Lorca's Andalusian world: men tend to follow their fathers and women to follow their mothers. Usually they share their characters; often they share their fate also. Thus, in *Bodas de sangre,* the Novio's brother has suffered the same fate as his father ('Primero tu padre [. . .]. Luego tu hermano.' 4), and Leonardo has inherited the bad blood of all his family ('Mana de su bisabuelo, que empezó matando, y sigue en toda la mala ralea, manejadores de cuchillos y gente de falsa sonrisa.' 41), and Leonardo's wife is cast aside by her husband as her own mother was cast aside ('Vamos andando. El mismo sino tuvo mi madre.' 38). No wonder, then, that the Madre is anxious to know what the Novia's mother was like (6, 9), and there also there will be parallels: women of vitality, condemned to lives of solitude and with no love for their husbands (9, 26, 31). 'Se parece en todo a mi mujer', says the Padre (22), and the Madre later takes up the resemblance in more vicious tones: '¡Tu hija, sí! Planta de mala madre' (50). But the Madre is concerned above all with her own son's fatal inheritance and there, too, heredity will prevail and the Novio will ultimately be dragged, blameless, to the same violent death as his father and his brother before him. It is his inevitable destiny:

LEÑADOR 3.º   El novio los encontrará con luna o sin luna. Yo lo vi salir. Como una estrella furiosa. La cara color ceniza. Expresaba el sino de su casta.

LEÑADOR 1.º   Su casta de muertos en mitad de la calle. (53)

Heredity points to the outcome and circumstances offer the means. The first such circumstance is revealed towards the end of Act I, Scene i: the girl whom the Novio is to marry was formely the *novia* of Leonardo of the Félix family. With this discovery three complementary threads of heredity are brought ominously together: those of the Novio (whose father and brother were killed in a knife fight), the Novia (whose mother did not love her husband) and Leonardo (whose family was responsible for the killings in the Novio's family). The next scene suggests that Leonardo's interest in the Novia is still very much alive and that he may even be seeing her in secret. The final scene of Act I confirms Leonardo's interest and suggests that it is reciprocated by the Novia. Years ago a lover's quarrel put an end to their *noviazgo* and pride prevented either of them from taking the first step towards reconciliation (30–2). The battle of pride (31) and the battle of feigned indifference (cf. '[mi casamiento] amarrado por ti, hecho con tus dos manos', 30) are both frequent elements in Spanish love-making, and the danger is that, with a characteristic *¡Que te fastidies!* on one side and a *¡Vete con ella!* on the other, one may find oneself married to the wrong person – like Leonardo.[2] Leonardo, then, is married, and the Novia is about to get married. Leonardo can restrain himself no longer. We are in the realm of passion.

Passion provides the impulse that drives the principal characters to their awaiting destiny. Leonardo and the Novia can no longer conceal their love for each other. The imminent marriage is breaking down their resistance:

LEONARDO.   Callar y quemarse es el castigo más grande que nos podemos echar encima. ¿De qué me sirvió a mí el orgullo y el no mirarte y el dejarte despierta noches y noches? ¡De nada! ¡Sirvió para echarme fuego encima! Porque tú crees que el tiempo cura y que las paredes tapan, y no es verdad, no es verdad. ¡Cuando las cosas llegan a los centros, no hay quien las arranque!

[2] The broken relationship between Leonardo and the Novia is a datum from which the play starts and is therefore perhaps not wholly relevant to critical appreciation of the play. However, it is a subject frequently raised by teachers and students, and attention is occasionally drawn to Leonardo's self-confessed poverty and his accusation of financial self-interest on the part of the Novia. His poverty, I suggest, may well have offended his Spanish (and especially Andalusian) male chauvinism and therefore made him more 'touchy' in his relationship with the Novia, but it is extremely doubtful whether one can go further than this. The Novia rejects his accusation outright and Leonardo himself goes on to admit that he has been unable to decide who was really to blame (31). In any case, underlying the broken relationship, including the lovers' quarrel assumed above – and perhaps confirmed by the woodcutters ('Se estaban engañando uno a otro y al fin la sangre pudo más', 52) – is clearly Lorca's own fatalistic *No pudo ser,* which interposes itself constantly, in his writings, between human beings and the fulfilment of their desires.

NOVIA (*Temblando.*)   No puedo oírte. No puedo oír tu voz. Es
   como si me bebiera una botella de anís y me durmiera en una
   colcha de rosas. Y me arrastra, y sé que me ahogo, pero voy
   detrás. (31–2)

Contrast this intoxication and irresistibility of passion with the cold
determination required for the husband-to-be:

NOVIA.   Pero yo tengo orgullo. Por eso me caso. Y me encerraré
   con mi marido, a quien *tengo que* querer por encima de todo.
   (31; my italics)

The Novia hastens the wedding service so that she can take refuge in
the Novio's embrace (37) and after the ceremony she asks the Madre
to spend the night there (43) and begs the Novio not to leave her (47).
But such defences are helpless against the passion that joins her to
Leonardo. 'Se estaban engañando uno a otro y al fin la sangre pudo
más,' comment the woodcutters at the beginning of Act III (52), and
Leonardo and the Novia shortly take up the theme themselves:

LEONARDO.   ¡Qué vidrios se me clavan en la lengua!
   Porque yo quise olvidar
   y puse un muro de piedra
   entre tu casa y la mía.
   Es verdad. ¿No lo recuerdas?
   Y cuando te vi de lejos
   me eché en los ojos arena.
   Pero montaba a caballo
   y el caballo iba a tu puerta.
   Con alfileres de plate
   mi sangre se puso negra,
   y el sueño me fue llenando
   las carnes de mala hierba.
   Que yo no tengo la culpa,
   que la culpa es de la tierra
   y de ese olor que te sale
   de los pechos y las trenzas.

NOVIA.   ¡Ay qué sinrazón! No quiero
   contigo cama ni cena
   y no hay minuto del día
   que estar contigo no quiera,
   porque me arrastras y voy,
   y me dices que me vuelva
   y te sigo por el aire
   como una brizna de hierba. (61)

Passion, then, has had its way and the lovers have escaped together. But the forces of heredity are there, too, proclaiming their part in the victory. The woodcutters, the moon, the beggar woman — each of them has made the outcome a little more certain, and the Novio is nearby, with an arm that is the arm of his brother, and the arm of his father, and the arm of all his family that is dead (57). Passion was perhaps, after all, a mere tool of heredity, and heredity itself a mere instrument of fate. There was nothing one could do to prevent what had to happen:

NOVIA.   ¡Porque yo me fui con el otro, me fui! (*Con angustia.*) Tú también te hubieras ido. Yo era una mujer quemada, llena de llagas por dentro y por fuera, y tu hijo era un poquito de agua de la que yo esperaba hijos, tierra, salud; pero el otro era un río oscuro, lleno de ramas, que acercaba a mí el rumor de sus juncos y su cantar entre dientes. Y yo corría con tu hijo, que era como un niñito de agua fría, y el otro me mandaba cientos de pájaros que me impedían el andar y que dejaban escarcha sobre mis heridas de pobre mujer marchita, de muchacha acariciada por el fuego. Yo no quería, ¡óyelo bien!; yo no quería. ¡Tu hijo era mi fin y yo no lo he engañado, pero el brazo del otro me arrastró como un golpe de mar, como la cabezada de un mulo, y me hubiera arrastrado siempre, siempre, siempre, aunque hubiera sido vieja y todos los hijos de tu hijo me hubiesen agarrado de los cabellos! (70)

Even after the event, then, there are no self-recriminations, for the Novia feels that she could not have acted otherwise. In the last moments of the play she alternates with the Madre in a lament on the theme of knives with which the play opened. 'Con un cuchillo,' says the Madre, 'con un cuchillito / que apenas cabe en la mano, / pero que penetra fino / por las carnes asombradas.' The Novia takes up her lament, repeats the Madre's reference to the *día señalado,* and, by subtly changing the Madre's *pero que* to *para que,* emphasizes even more than the Madre the inevitability of the outcome:

NOVIA.   Y esto es un cuchillo,
             un cuchillito,
             que apenas cabe en la mano;
             pez sin escamas ni río,
             para que un día señalado, entre las dos y las tres,
             con este cuchillo
             se queden dos hombres duros
             con los labios amarillos.

Knives, too, have their appointed function. It is all part of the fatal plan.

CHARACTERS IN THE PLAY

The play starts with foreboding, passes via circumstances to fulfilment and ends in lamentation. At the centre there is a nucleus of action; surrounding it, a circle of suffering; enveloping everything, a general atmosphere of inevitability so that human action and human suffering alike appear as the inevitable consequence of what fate has ordained. And the characters in the play are totally subordinated to this overall tragic progression. There is no question of fully rounded characters in the realist tradition. Reality has been much streamlined and orchestrated. Characters are relevant only in so far as they contribute to the play's basic structure and progression. Consequently, they can most appropriately be studied in their dramatic functions: according to whether they contribute principally to the central nucleus of action, to the circle of suffering, or to the atmosphere of fate.

The Triangle of Action

However important the powers behind human action, from a structural point of view it is human action itself that is at the centre of the play. There are three main figures in that central action: the Novia, the Novio and Leonardo — a triangle of one woman and two men. They are characters who, in varying forms, appear in most of Lorca's plays: a woman filled with longing, a man who is an inadequate response to that longing, and a man who is an adequate response. Sometimes, as in *Bodas de sangre,* the contrasted males are different individuals (cf. *Yerma, Así que pasen cinco años*); at other times they are the same person seen in different circumstances (e.g. *La zapatera prodigiosa, El amor de don Perlimplín con Belisa en su jardín*).

In common with other Lorcan heroines the Novia is both beautiful and physically strong, consumed by desire but too proud to give way to it easily, full of vitality but wasting away 'metida en un desierto' (31). The 'desierto' is psychological as well as physical, and beneath the Novia's reticence and submission desire burns relentlessly.

She is intoxicated with desire and her breast is putrid with the effort
to contain it (32). Leonardo, who has suffered in similar fashion,
expresses the torment they both know: 'Callar y quemarse es el
castigo más grande que nos podemos echar encima' (31). Significantly
she is described as 'agria' (23), for bitterness in Lorca arises from
disproportion between longing and attainment. The wedding, too, is
'amargo' for her (27) and she accepts it only as a necessary defence
against her passion for Leonardo (31, 37).

Leonardo is the almost mythical 'otro' (so described four times
by the Novia in her retrospective survey of the triangle, 70), the man
of passion, consumed by a love that, so long as it is unsatisfied,
admits neither cure nor containment. He is the 'hombre de sangre'
before whose cries the very hills would tremble (31), 'un río oscuro,
lleno de ramas' (70), 'un hombre con su caballo' (31), emphatically
macho (38), the inspirer of woman's longing (32, 70, 71), restless
and inconstant (44). His very name is significant, suggesting both
animal vitality (león, cf. 'como la cabezada de un mulo', 70) and
burning passion (ardo; cf. 'Se abrasa lumbre con lumbre', 62).[3]
But Leonardo is married and he tries to overcome the forces that
inhabit his body. Like the Novia, then, he is 'agrio' (15, 17). The 'refresco de limón', too, is significant (14). It is one of several cases in
Lorca's writings where a drink of lemon is relevant to the bitterness
of a character's situation.

The Novio is a more difficult character to study briefly: not
because he is more complex, but because he is less consistent. His
character seems to bend to the dramatic exigencies of the plot. He
appears virile enough at the beginning of the play as he jokes with
his mother and tries to comfort her, but there is a suggestion that he
is perhaps not of the calibre of his elders who have died:

MADRE. Tu padre sí que me llevaba. Eso es de buena casta.
        Sangre. Tu abuelo dejó un hijo en cada esquina. Eso me gusta.
        Los hombres, hombres; el trigo, trigo.

NOVIO. ¿Y yo, madre? (5)

The Novio is in fact merely trying to bring his mother on to the

---

[3] Compare another Lorcan man of passion who breathes 'como si
fuera un león' (OC II, 927) and yet another who, like Leonardo, brings
animality and burning together, breathing smoke and being likened to a
dragon (OC II, 396–7).

subject of his marriage, but the dramatic effect of the juxtaposition is more ominous. In the following scene our suspicions about him are strengthened. 'Mi hijo es hermoso,' says the Madre; 'No ha conocido mujer. La honra más limpia que una sábana puesta al sol' (21). She may boast about it, but chastity is not a characteristic one associates with the Lorcan man of passion. 'Los hombres necesitan estas cosas', says an old woman in another play, referring to sexual adventures (*OC* II, 884). Nor is abstinence from drink a particularly healthy characteristic in this elemental world where wine is vitality, yet when the Novio is offered refreshments at the Novia's house he takes only a sweetmeat and his mother declines the wine on his behalf with an authoritative 'No lo prueba' (23). The height of the Novio's passion as he takes leave of the Novia is a lump in his throat (23).

In Act II he appears in a more favourable light, though his *piropos* continue to be somewhat insipid beside Leonardo's passionate out-pourings, and as a *novio* he never measures up to the 'palomo / con todo el pecho de brasa' demanded by the Criada's song (40). But he is presented as 'fuerte' (42), 'alegre' (43, 45, 47) and 'de buena simiente' (41) — all positive characteristics — and he banters the Criada in healthy, virile fashion (45) and does not refuse wine for midnight nor decline to drink with the guests (45). However, there is a significant 'Yo tengo menos estatura' in reply to the Criada's recollections of his elders, 'machos entre los machos,' and of his grandfather, who was like a mountain, and this is only partly counter-balanced by the Criada's 'Pero el mismo brillo en los ojos' (45). Moreover, later, as the Madre gives her son advice on how to behave towards his bride (something that one cannot imagine Leonardo tolerating in a comparable situation; cf. his curt 'No le he preguntado su opinión' to his mother-in-law, 17), there is a significant juxta-position of the Madre's 'que [ella] sienta que tú eres el macho, el amo, el que mandas' and the Novio's reply, 'Yo siempre haré lo que usted mande' (49), suggesting the son's continuing submission to his mother. But when Leonardo and the Novia have run away together, it is the Novio who first calls for a horse and dashes off in pursuit.

In the last act the blood of all his ancestors has flooded into his body:

NOVIO.   ¿Ves este brazo? Pues no es mi brazo. Es el brazo de mi
          hermano y el de mi padre y el de toda mi familia que está
          muerta. Y tiene tanto poderío, que puede arrancar este árbol

de raíz si quiere. Y vamos pronto, que siento los dientes de todos los míos clavados aquí de una manera que se me hace imposible respirar tranquilo. (57)

'¡Qué espaldas más anchas!' gloats beggar death (58), 'Un hombre duro', adds the Novia (61). In this act, certainly, the Novio has grown in stature. The man who was earlier required in his weakness, as a contrast to Leonardo, is now needed in his strength as a worthy opponent. Two floods of passion. Death can open her wings and the moon can warm itself in blood: 'dos torrentes / quietos al fin entre las piedras grandes' (67); 'en un día señalado, entre las dos y las tres, / se mataron los dos hombres del amor' (72). The two now mythical 'men of love' have slain one another (*not,* as the English translation reads, 'these two men killed each other *for love*'; my italics).

In a remarkable passage of prose poetry in the last scene of the play the Novia recalls the triangle of passion herself:

NOVIA.   Yo era una mujer quemada, llena de llegas por dentro y por fuera, y tu hijo era un poquito de agua de la que yo esperaba hijos, tierra, salud; pero el otro era un río oscuro, lleno de ramas, que acercaba a mí el rumor de sus juncos y su cantar entre dientes. (70)

'Una mujer quemada,' 'un poquito de agua' and 'un río oscuro': a woman filled with longing, a man who is an inadequate response to that longing and a man of passion who is an adequate response. They are basic elements rather than individuals, and the characteristics given to the three central protagonists serve to emphasize their elemental function. There is no individuality for the sake of individuality. *Bodas de sangre* is a play of essential forces and essential relationships. The very names of the characters are significant.

The Circle of Suffering

Around the central triangle of human action stand the characters who lead the audience up to, through and away from that action, foreboders of its coming, pointers to its progress and lamenters at its passing. In name as in function they are centred upon one or other of the trio Novia–Leonardo–Novio: thus, the Padre and the Criada of the Novia, the Mujer and the Suegra of Leonardo, the Madre and the Vecina of the Novio. Like the central protagonists they are more important as elements in the tragic progression than as individual characters.

Thus, they serve initially to throw light on relevant character in the central protagonists, on relevant heredity and on relevant circumstances. This is probably too obvious to justify treatment: the Madre and the Vecina in the first scene of the play, the Mujer and the Suegra in the second scene, the Padre and the Criada in the third scene . . . and similarly in Act II. A mere glance back at the sources of evidence drawn upon in the preceding subsection (or in 'An Outline of the Play') will serve to illustrate these functions further.

But among these various characters there is one in particular attached to each of the central protagonists whose whole life and happiness is dependent on the outcome of the central triangle of action: the Madre of the Novio, who repeatedly emphasizes that she now has only one son remaining to her; the Padre of the Novia, deprived of his wife's love when she was alive and now concerned to arrange a suitable marriage for his only child; and the Mujer of Leonardo, expecting her second child and tearful even at the thought of Leonardo's earlier *noviazgo* with the Novia. With their dependence on the outcome of the central action and their inability to influence that outcome they serve to emphasize and broaden both the overall fatalism of the play and the overall pathos. Even more than the central protagonists they are the play's sufferers. Thus, the Mujer, fed with reports of her husband's wild gallopings over the *secanos* and tormented by his dismissal of her and his obvious preoccupation with the Novia, seeks anxiously to keep track of him after the wedding ceremony, is the discoverer of the lovers' flight and is finally thrust blameless into the solitude and living death of widowhood, with door closed, windows nailed up, alone with her two children, and with a cross of ash where Leonardo's pillow was — almost exactly the situation of the Madre twenty years before. Similarly, the Padre: a venerable, patriarchal figure, proud of his daughter, illusioned with the marriage and its expected consequences in fertility both for the land and for his daughter, anxious to calm the Madre's torments from the past and finally losing his own self-composure at the report of his daughter's flight — a tragic figure, agonizingly incredulous ('¡No es verdad! ¡Mi hija, no!'), prepared to contemplate his daughter's suicide rather than her dishonour, yet angrily turned upon by the irate Madre.

But the principal sufferer is the Madre herself. She is also our main guide to the underlying forces of the play. The first scene opens with her fears. In part they are the result of her experience of past killings. But her feeling that heredity is a horrible repetition strengthens those fears, and the association of her knife obsession with her son's intended marriage is, initially at least, wholly irrational foreboding: 'Yo sé que la muchacha es buena. ¿Verdad que sí? Modosa. Trabajadora. Amasa su pan y cose sus faldas, y siento sin embargo, cuando la nombro, como si me dieran una pedrada en la frente' (5–6). Here we are in a realm of superstition: pre-ordained fate that may reveal itself, in Lorca, through playing-cards and, more obscurely, through old women. The Madre herself fights against her foreboding: she tries to make a joke of it (5); she takes refuge in an over-simple explanation of her fears (6); she pulls herself together with a request for forgiveness (6); she admits that her suspicions are irrational and seeks consolation in the thought of grandchildren (7). But each time, the rejected foreboding creeps up on her again – and upon the audience. '¡Que es verdad! ¡Que tienes razón!' she says to her son (7). But no sooner has he left than the Vecina enters with rational justification for irrational foresight. The Madre's authority as a mentor is established. Her forebodings now appear as expressions of fate. Henceforth it is principally to her that the audience will look for guidance on the play's progression.

Amidst the striking verbal economy and emotional austerity of the wedding arrangements the Madre's recollections from the past and her fears for the future irrupt at the slightest provocation (19, 21, 22). And she apparently associates her fears with possible infidelity on the part of the Novia (22). The voice of fate again! Amidst the wedding guests she appears as a spectre of foreboding. Her entry is not indicated but the most appropriate moment in the scale of ill omen would be between the entry of the Novia, dressed in black, and the appearance of the reluctant Leonardo – perhaps at the same moment as her son, for this would serve also to give a silent reminder to her apparent domination of him. She makes only two comments: one of obsession provoked by Leonardo's presence (36–7) and one of fear as they leave for the church (37). The obsession is still there as she returns from the church but she seems more optimistic about the future (in this scene it is Leonardo's wife, prompted by her husband's restless coming and going, who takes over the role of foreboding). The wedding has taken place, and for a while the beneficent appearances of reality seem to blind the Madre to the truths of the occult. But when the storm finally breaks, she is quick to see in it the treble fulfilment of her foreboding: the Novia's heredity,

Leonardo's heredity and the return of bloodshed, which is her own son's heredity (50–1). She can now pass on to her role of lamentation – in the final scene of the play.

Rather than as lamentation it starts as a struggle with lamentation, in which the Madre and the Vecina complement one another in a threefold progression from silence to tears: as they enter, the Vecina is weeping and the Madre demands silence, drifts into an expression of loss, and the Vecina provides the natural reaction that the Madre, with her stoicism, refuses. On the third occasion this progression is interrupted by the Madre as she catches sight of the Novia. There is an angry outburst, but anger yields quickly to indifference and resignation. The violence and immediacy of the killings fade as the Madre is joined by the Mujer in an elegy for the dead men, and by the Novia in a lyrical lamentation at the fulfilment of destiny.

At the beginning of the play the Madre protested: '¿Y es justo y puede ser que una cosa pequeña como una pistola o una navaja pueda acabar con un hombre, que es un toro? No callaría nunca' (4), and the question of justice, which also implies appropriateness in Spanish, is taken up again later in the play ('Es justo que yo aquí muera', 63; 'Era lo justo', 68). But now her son is dead and the Madre *will* be silent, for the important part of her question has been answered:

> Vecinas: con un cuchillo,
> con un cuchillito,
> en un día señalado, entre las dos y las tres,
> se mataron los dos hombres del amor.
> Con un cuchillo,
> con un cuchillito
> que apenas cabe en la mano. (72)

A small knife *has* killed the now mythical men of love. The outcome was *justo* in the sense that it was the proper fulfilment of what fate ordained from the beginning. Recognition of this prevents any probing into its justice from a human standpoint.

The Voice of Fate

It is clear from the outline just offered that the Madre is not only a sufferer, foreboding and lamenting the central action; she appears also, at moments, as the very voice of fate, pointing to the inevitability of that central action. She is not the only character in the circle

of suffering to fulfil such a function, but she is the only one to fulfil
it through her own person. Three other characters fulfil it unwittingly
– through songs: the Mujer and Suegra through the lullaby in Act I,
Scene ii, and the Criada in the song she sings at the beginning of
Act II, Scene ii. Both these songs are considered at length in endnotes (nos. E and I). Basically they both point to dark underlying
forces and are therefore comparable in function to the Madre's
obsessive foreboding.

But fate does not speak only through characters in the circle of
suffering. It speaks also – and most clearly – through a number of
characters who do not appear until the last act: characters unrelated
to those already mentioned, extremely stylized characters, forces
rather than individuals, almost supernatural – incarnations of fate.

The woodcutters are the first to enter: woodcutters who cut life
short with their axes; three of them, like the Fates of Greek mythology. Amidst a nocturnal setting of damp tree trunks they comment
on the pursuit that the audience cannot see and reflect on the underlying forces and the inevitable consequence. Passion has caused the
flight and heredity points to the outcome. The central action of the
play is a mere sample of man's struggle with fate, and the woodcutters' observations, oscillating between the particular and the
universal, serve to press the point:

LEÑADOR 3.º   Pero los matarán.
LEÑADOR 2.º   Hay que seguir la inclinación; han hecho bien en
              huir.
LEÑADOR 1.º   Se estaban engañando uno a otro y al fin la sangre
              pudo más.
LEÑADOR 3.º   ¡La sangre!
LEÑADOR 1.º   Hay que seguir el camino de la sangre.
LEÑADOR 2.º   Pero sangre que ve la luz se la bebe la tierra.
LEÑADOR 1.º   ¿Y qué? Vale más ser muerto desangrado que vivo
              con ella podrida. (52–3)

The woodcutters sense the inevitability of the outcome, and the
third one, like Atropos, the Fate of the scissors, appears eager to
affirm it ('Ya darán con ellos'; 'Pero los matarán'; '¡La sangre!';
'Los buscan y los matarán'; 'El novio los encontrará'). But their most
effective prophecy is made unconsciously, as in the lullaby of the
Mujer and the Suegra and in the wedding song of the Criada:

LEÑADOR 3.º   El lleva buen caballo.
LEÑADOR 2.º   Pero lleva una mujer.

LEÑADOR 1.º   Ya estamos cerca.
LEÑADOR 2.º   Un árbol de cuarenta ramas. Lo cortaremos pronto.
LEÑADOR 3.º   Ahora sale la luna. Vamos a darnos prisa. (54)

Taken out of context, as a naturalistic piece of conversation, these lines reveal a change of subject matter: the woodcutters leave off talking about the lovers and look to their own work. But we have been concerned throughout the play with trees and branches that are not mere vegetation but also genealogical trees and branches. Consequently, within the context of the play, on an emotive plane, all five lines contribute to the same atmosphere of doomed heredity and impending retribution for unbridled passion. The entreaty to the moon, which follows, expresses more lamentation than hope.

The woodcutters warned of approaching fate and lamented its coming; the Moon, who enters now as a young white-faced woodcutter, appears as one of the conspiring forces of fate and gloats at the thought of fresh warm blood. There must be no shade; the lovers must not escape; let me go in and warm myself – these are the three elements of yearning that run through the Moon's monologue. Then, as the Moon disappears for a moment among the trees, Beggar Death comes in and appoints the time and the place ('Aquí ha de ser, y pronto', 56). As the three woodcutters suggested the three Fates of Greek mythology, so also the threefold progression towards certain death that is represented by Leñadores, Luna and Mendiga. The Moon reappears and joins with the beggar woman in the death plan. As the Moon leaves, the Novio enters and the Mendiga guides him dramatically to his fate. The woodcutters return with a variation on their earlier lyrical entreaty to the moon. Now it is a more sombre entreaty addressed to death: not, as formerly, for a branch of shade to hide the fleeing lovers, but for the very branch of life itself.

At the beginning of the next and final scene of the play the Fates appear yet again, this time in their traditional spinners' guise. They are winding wool, red wool, the colour of blood and hence the colour of life: 'Nacer a las cuatro, / morir a las diez. / Ser hilo de lana, / cadena a tus pies' (64). Though they have not been at the wedding they know what has happened and their song refers at once to their own present activity and to the double death of the previous scene, with a significant reference to the cutting of wool with a knife. Even where there is an apparent change of subject matter there is complete emotive unity, as in the woodcutters' lines mentioned earlier:

> Corre, corre, corre,
> el hilo hasta aquí.
> Cubiertos de barro
> los siento venir. (66)

The *hilo* is not only the woollen thread that they are winding but also the thread of life, and the *aquí* in 'hasta aquí' is likewise temporal as well as spatial. It recalls the time and place appointed by the Mendiga in the previous scene: 'De aquí no pasan'; 'Aquí ha de ser, y pronto' (56).

There is little individual character portrayal in these unreal, stylized personages of the last act. They exist only as aids to the play's progression from the foreboding of the first two acts to the lamentation and final acceptance of the last scene. They comment on the action, they emphasize its inevitability, they universalize the drama and, under the sway of their incantation, they veil the harshness of the action and establish a tone of lyrical lamentation. The chorus in Greek classical tragedy fulfilled the same functions and Lorca was aware of the similarities between his theatre and the classical theatre of antiquity. In an interview with Juan Chabás published in 1934 he declared:

> Estoy trabajando mucho. Ahora voy a terminar *Yerma,* una segunda tragedia mía. La primera fue *Bodas de sangre. Yerma* será la tragedia de la mujer estéril. El tema, como usted sabe, es clásico. Pero yo quiero que tenga un desarrollo y una intención nuevos. Una tragedia con cuatro personajes principales y coros, como han de ser las tragedias. Hay que volver a la tragedia. Nos obliga a ello la tradición de nuestro teatro dramático. (*OC* II, 1027)

'Una tragedia con cuatro personajes principales y coros, como han de ser las tragedias.' With *Bodas de sangre* we could almost change the *cuatro* to *tres,* for the characters in the circle of suffering — even the Madre, who is arguably the most important character in the play — are in fact little more than a chorus. They, too, serve to comment on the action and to show it as a progression towards the inevitable. They, too, set the tone of apprehension and lamentation. And in the final scene of the play, after the Madre's momentary outburst against the Novia, personal lamentation gives way to a more general lyrical lamentation as personal loss is submerged in an event of mythical dimensions:

> Vecinas: con un cuchillo,
> con un cuchillito,
> en un día señalado, entre las dos y las tres,
> se mataron los dos hombres del amor. (72)

The two men of love. We are back to the central triangle, and even there we are dealing less with individuals than with elements in a fatal plan. It is typical of all Lorca's mature work. The individual character interests Lorca only in so far as it is engaged in a struggle with its destiny or in so far as it has insight into such a struggle.

FROM SENSES TO SYMBOLS

As the starting-point for what is basically a study of Lorca's poetic imagery two points need to be made: firstly, that his imagery is profoundly rooted in Spanish (and especially Andalusian) rural life and, secondly, that it is not mere adornment. Lorca's imagery is functional and it serves three ends: to communicate vividly the specific here-and-now world of the senses, to universalize that here-and-now so that it becomes a pointer to something beyond mere sense perceptions, and to make us aware of the dark forces that guide human destinies. No easy separation is possible but the aim of the present section is to illustrate these various points.[4]

[4] Writers on Lorca tend to emphasize either the specific here-and-now reference, with some neglect of the universal aspects of his writing (e.g. Angel del Río, who finds in *Bodas de sangre* 'un localismo que la perjudica y un tema de acción limitada, sin contenido espiritual propiamente dicho', *Vida y obras de Federico García Lorca*, Zaragoza 1952, p. 137) or, more recently, the universal aspects of myth and archetypal symbol, with insufficient attention to the specific here-and-now references (example in Endnote G). It is my own belief that Lorca's greatness lies largely in the way in which he reconciles the extremes of specific reference and universal significance. We have seen something of this in 'An Outline of the Play' (in the progression from predominant realism to stylization and ritual), in 'The Elements of Fate' (in the interplay between specific circumstances and underlying heredity and fate) and in 'Characters in the Play' (on the one hand, the specific triangle of action; on the other hand, the guiding voice of fate). In the present section the interplay of specific reference and universal significance will be seen even more clearly.

I start with the here-and-now and its roots in Spanish peasant life. Lorca's language is notably lacking in abstractions and merely generic terms. It is specific and concrete. Thus, Leonardo's 'annoyance' at the Novia's alleged scorn for his 'poverty' (two abstractions) is presented in physical terms: 'Dos bueyes y una mala choza son casi nada. Esa es la espina' (30). And the Novia is not merely 'trabajadora' (generic). Her 'domestic merits' are presented as down-to-earth physical realities: 'amasa su pan y cose sus faldas' (5); 'Hace las migas a las tres, cuando el lucero. No habla nunca; suave como la lana, borda toda clase de bordados y puede cortar una maroma con los dientes' (21). Similarly, marriage, for the Criada, is 'una cama relumbrante y un hombre y una mujer' (27; sexuality) and one of the Muchachas sees the bridegroom as offering his bride 'cuchara y mantel' (34; domesticity). But the Novia is drawn to Leonardo by something far deeper than either sexual attraction or domesticity: 'No quiero / contigo *cama ni cena,* / y no hay minuto del día / que estar contigo no quiera' (61; my italics). With similar hard imagery a wife's role in society is epitomized by the Madre as 'un hombre, unos hijos y una pared de dos varas de ancho para todo lo demás' (22) and widowhood, by the Suegra, as a nailing up of windows and a succession of rains and nights falling on bitter weeds (66).

It is worth considering the above examples more closely. In all of them there are specific physical references and in all of them those specific physical references point to something beyond themselves. But there are differences. On the one hand, 'dos bueyes y una mala choza' points to poverty and it can be taken almost literally; on the other hand, the 'espina' is an *image* of Leonardo's annoyance and it cannot be taken literally. Similarly, 'hace las migas a las tres' is to be taken literally as a specific example of the Novia's domestic merits (see Endnote G); on the other hand, 'puede cortar una maroma con los dientes' serves to emphasize the Novia's strength but is presumably not to be taken literally. Similarly again, 'un hombre, unos hijos y una pared de dos varas de ancho para todo lo demás' invites a fairly literal interpretation, whereas the epitomization of widowhood as a nailing up of windows and a succession of rains and nights falling on bitter weeds does not. In the former example of each pair the more general resonances develop *around* the specific physical reference; in the latter example the more general resonances are set up *beside* the specific physical reference. The former emphasizes the physical reality itself; the latter offers physical reality as an image of something else. But there is no clear dividing-line. Lorca's imagery is not something apart from reality. Like his presentation of specific fragments of reality it is profoundly rooted in Spanish peasant life, experience and culture. Thus, the Madre has to smother ('meter entre los mantos', 41) her cry of agony at the deaths in her family, and the Novio's honour is 'más limpia que una sábana puesta al sol' (21), and the Novia sees herself carried from fair to fair, 'con las sábanas de boda / al aire, como banderas' (63), and Leonardo's look of anger at his wife is 'una espina en cada ojo' (38) – another reference to Biblical thorns as an image of emotional torment (cf. 20, 30, 63) and, to stem his passion for the Novia, he placed a 'muro de piedra' between her house and his own and, when he saw her from afar, he threw sand in his eyes, but his blood turned black with silver pins (recalling the 'alfileres' of the Novia's wedding dress and at the same time suggesting witchcraft poisoning) and his dream [of the Novia] filled his flesh with weeds (61) . . .

In this typically Lorcan context of specific physical references, established—and consequently worn images tend to take on again their full primitive force. Thus, when the Madre recalls her dead men folk as 'Mis muertos llenos de hierba, sin hablar, hechos polvo' (4), the generally worn image of 'hechos polvo' (in the sense of *done for),* helped by the words 'llenos de hierba', regains its original force of *turned to dust,* in contrast to the killers, 'frescos, viendo los montes': '¡Allí comen, allí fuman, allí tocan los instrumentos!' Similarly, the Novio cannot believe that the Novia had a previous *novio* because 'las muchachas tienen que mirar con quién se casan', whereupon the Madre immediately seizes upon that word 'mirar', used by her son in a rather abstract sense *(to consider),* and gives it again its full sense perception: 'Si. Yo no miré a nadie. Miré a tu padre, y cuando lo mataron miré a la pared de enfrente. Una mujer con un hombre, y ya está' (6).

The poetry of the concrete. It is the essential starting-point. The poet, says Lorca, 'tiene que ser profesor en los cinco sentidos corporales. Los cinco sentidos, en este orden: vista, tacto, oído, olfato y gusto' *(OC* 1, 1037): he must be sensitive to sense perceptions and skilful in communicating them, especially the visual sense. Thus, instead of referring merely to death as an abstraction, Lorca evokes a death scene:

> . . . y ese hombre no vuelve. O si vuelve es para ponerle una palma encima o un plato de sal gorda para que no se hinche. (4)

> Abren los cofres, y los blancos hilos
> aguardan por el suelo de la alcoba
> cuerpos pesados con el cuello herido. (56)

There are many such examples. The presentation of death as a beggar woman is part of the same phenomenon, and throughout the play there is a corresponding emphasis on visual effects, both in the lines spoken and in the stage directions: colours and decoration, movements and gestures, the use of light and darkness . . . In the 'Outline of the Play' attention has been drawn to a number of significant examples. In the context of this short introductory study one further example must suffice.

The Novio is associated principally with yellow and gold; the Novia with white and silver. Thus, the room in the Novio's house is painted yellow (3), he wears a large golden chain when he visits the Novia (19), he is referred to as the sunflower of his mother (71) and, in the wedding song, as the 'flor del oro' (*the purest of gold*) (35, 36); as a bridegroom he fastens the bride's crown with golden ribbons (34) and, when he dies, foul sand lies on the 'flor del oro' (68; four uses here of 'flor del oro') and his lips turn yellow (72).[5] The Novia's house, on the other hand, is principally white (18), her father is a patriarchal figure with shining white hair (19), and throughout the wedding scene, which opens with the Novia in white petticoats, there is emphasis on white orange blossom and, in the wedding song, on 'camisa de nieve', 'botas de charol y plata', and jasmine (33); moreover, according to Leonardo her silver spits (30) and her silver pins turned his blood black (61); finally, the moon sheds silver on her face (54). This duality of yellow and gold on the one hand and of white and silver on the other is significant. It reminds us, firstly, that the *novios*' marriage marks the coming together of two substantial fortunes ('Se van a juntar dos buenos capitales', 16). It offers also a leitmotiv for each of the *novios* and an excellent example of the duality of contradictory significance that characterizes much of Lorca's imagery. Thus, gold and yellow can be colours of joy; associated with death they take on more doleful resonances. Similarly,

---

[5] We are not told the colour of the Novio's wedding shoes, which prompt a comment from the Novia and which he finds 'más alegres que los negros' (36). Yellow or gold, perhaps? The Novio is significantly referred to as 'la flor del oro' at the moment of his first appearance with the shoes. Compare the businessman Lopakhin in Chekhov's *The Cherry Orchard*: 'My father was a peasant – and here am I in a white waistcoat and yellow shoes.'

silver and white, associated with brides, are brightness and purity; in a more ominous context they can suggest coldness and sterility. The gold and yellow of the Novio are therefore both his promise (golden wheat and wealth) and his fatal destiny (the 'labios amarillos' of his 'casta de muertos en mitad de la calle'); the white and silver of the Novia are both her promise ('blanca doncella', 37) and her fatal destiny of sterile widowhood (perhaps heralded in '¡Ay la blanca niña!' 38). The colours, then, come to represent, ultimately, the two forms of death commented on by the woodcutters (53): on the one hand, the violent death of flowing blood (and yellow lips); on the other hand, the living death of rotted blood (and white emptiness). There are many other similar examples of emphasis on visual perception. Lorca had divided two of his earlier plays into 'estampas' (*prints*); *Bodas de sangre* is divided into 'cuadros' (*pictures*). Both words serve to emphasize the importance for the poet of the visual aspects of his plays.

Of course, as the earlier quotation from Lorca's lecture on Góngora's poetic imagery suggests, the other senses, too, play an important part. Moreover, like the visual sense they do not remain as mere sense perceptions. They take on emotive resonances, too. Thus, an emotion may be expressed not only as a visual perception ('mi sangre se puso negra', 61) but also as a touch sensation ('siento los dientes de todos los míos clavados aquí de una manera que se me hace imposible respirar tranquilo', 57), or through hearing (*'Brusca-mente se oyen dos largos gritos desgarrados'*, 64), or through smell ('tu padre, que me olía a clavel', 4), or through taste ('oigo eso de Félix y es lo mismo Félix que llenárseme de cieno la boca, y tengo que escupir', 10). Or two or more senses may come together to fulfil a similar purpose ('un grito puesto de pie', 41; 'Que te miro / y tu hermosura me quema', 62). In the following lines all five senses are involved: 'No puedo oír tu voz. Es como si me bebiera una botella de anís y me durmiera en una colcha de rosas. Y me arrastra, y sé que me ahogo, pero voy detrás' (32). The concrete here-and-now world of the senses, then, becomes a pointer to something beyond mere sense perception. It points to emotions and human relation-ships — and it results in remarkable compression. Even stage settings may suggest a tacit relationship: for example, the flowers and the pink colouring which make the Novia's house similar to Leonardo's — and different from the Novio's. The following lines from the Criada's song at the beginning of Act II, Scene ii, will serve as an example of linguistic compression:

> porque llega la boda,
> que relumbre la escarcha
> y se llenen de miel
> las almendras amargas. (40)

The hoarfrost must shine because with its whiteness and coldness it covers and cools passions and torments (cf. 'camelias de escarcha sobre el camposanto', 69; 'escarcha sobre mis heridas de pobre mujer marchita', 70), and a wedding must be a time of reconciliation. 'Escarcha', then – sight and touch – epitomizes human relationships that are important in the play; in the following lines 'miel' and 'almendras amargas' – taste – do likewise. But even as the Criada finishes her song, the Padre and the Madre enter and the Madre gives vent to her obsession about Leonardo and his family. The entreaty for 'escarcha' and 'miel', it seems, has been in vain. Heated passions and bitterness continue.

We are passing gradually – have already passed in part – from the senses to symbols. Some element of the real world – a colour, a sound, an action, an object, etc. – takes on meanings and resonances not necessarily or even normally associated with it, meanings not found, for example, if one looks the word up in a dictionary. An object, a colour, a gesture becomes a pointer to something far wider, to hidden forces, to complex emotions . . .

The knife will serve as an initial example. In the opening moments of the play there is a contrast established between the Novio, who relates the knife only to a prosaic function (the cutting of grapes), and the Madre, whose obsession with violent death prompts more ominous associations ('puede cortar el cuerpo de un hombre'). In the course of the play the Madre's own associations are gradually confirmed: the prosaic function of the knife disappears and we are left, at the end, with the knife only as the appointed instrument of death:

> para que un día señalado, entre las dos y las tres,
> con este cuchillo
> se queden dos hombres duros
> con los labios amarillos. (72)

It is characteristic of Lorca's writing: the subordination of prosaic associations to more tragic resonances. The following extract from another work reveals the process with absolute clarity. El Amargo's prosaic associations are contrasted with the Jinete's death associations and the prosaic associations are then cast aside, leaving death as the knife's only function:

AMARGO. Un cuchillo no tiene que ser más que un cuchillo.
JINETE. Se equivoca.
AMARGO. Gracias.
JINETE. Los cuchillos de oro van solos al corazón. Los de plata cortan el cuello como una brizna de hierba.
AMARGO. ¿No sirven para partir el pan?
JINETE. Los hombres parten el pan con las manos.
AMARGO. ¡Es verdad!
(*El caballo se inquieta.*)

(*Poema del cante jondo; OC* I, 236)

Other cutting instruments in Lorca have similarly ominous associations. Thus, it is no mere coincidence that Lorca has chosen wood-cutters as his first commentators in Act III, or that, when they enter for the second time, they carry their axes on their shoulders — ready for use.

Among the significant cutting referred to in *Bodas de sangre* is that of the spinning girls. They are winding wool, red wool, and in their song they tell of cutting it with a knife. The colour of the wool is of course significant and it brings us on to another notable example of Lorca's symbolism: blood. *Sangre,* says the Spanish Academy dictionary, is the 'tejido flúido que circula por el sistema vascular [...]'. For Lorca it is clearly much more than that. Blood for Lorca, is life, and spilt blood is death. 'Por eso es tan terrible ver la sangre de una derramada por el suelo', says the Madre; 'Una fuente que corre un minuto y a nosotros nos ha costado años' (42). But there is even more to blood than that. When Leonardo proclaims, 'No quiero hablar, porque soy hombre de sangre, y no quiero que todos estos cerros oigan mis voces' (31), blood is clearly seen as the seat of passion, and when the Padre, shortly afterwards, says of Leonardo, 'Ese busca la desgracia. No tiene buena sangre' (40), blood is presented as the bearer of heredity. The woodcutters, in a key passage, bring these various meanings together:

LEÑADOR 1.º Se estaba engañando uno a otro y al fin la sangre pudo más.
LEÑADOR 3.º ¡La sangre!
LEÑADOR 1.º Hay que seguir el camino de la sangre.
LEÑADOR 2.º Pero sangre que ve la luz se la bebe la tierra.
LEÑADOR 1.º ¿Y qué? Vale más ser muerto desangrado que vivo con ella podrida. (52–3)

Blood as life and spilt blood as death; blood as passion; blood as heredity (exactly parallel to the three main elements considered under 'Elements of Fate': circumstances; passion; heredity), and embracing them all, the typically Lorcan view of blood as the bearer of fate. In this one word the essential forces of the play converge.

Blood, red wool, red and pink flowers and settings – they all express something more in Lorca than a mere dictionary definition or a mere sense perception. Basically they are images of vitality, but always with an underlying awareness that the blood of vitality can be spilt, that red wool can be cut and that red and pink flowers can wither and become a mere 'brazado de flores secas'. And associated with the use of warm colours as images of vitality it is relevant to consider the imagery of warmth itself (life, passion and vitality) – in contrast to coldness (death, anti-passion and silenced illusions). Thus, the Novio's brother was 'caliente y macho' (21) and a bridegroom must be 'un palomo / con todo el pecho de brasa' (40). But the Novia feels fire only with Leonardo: at times the fire of anger ('se me calienta el alma de que vengas a verme y atisbar mi boda y preguntes con intención por el azahar', 31); at other times, more fundamentally, the fire of longing ('¡qué fuego / me sube por la cabeza!' 60, 61; 'Que te miro / y tu hermosura me quema', 62). It is very different from her response to the Novio, 'un niñito de agua fría' (70). Yet he too, in Act III, has become a man of passion and the moon clamours to warm itself in his blood. But spilt blood turns cold. Leonardo, the epitome of the man of fire (31), becomes a mere 'montón de nieve' (71) and is joined in death with the Novio: 'dos puñados de nieve endurecida' (68). The Madre's own future is presented in similarly contrasting terms of heat and cold: tears that will be 'más ardientes que la sangre' (69), evolving subsequently, with the realization that all her men folk are dead, to the thought that she will now be able to sleep again, freed from her twenty years of torment, amidst dreams of white and cold: 'Yo haré con mi sueño una fría paloma de marfil que lleve camelias de escarcha sobre el camposanto' (69). One recalls again the similar imagery of the Criada's song.

If coldness is an image of death from within – lost life, lost passions, lost illusions – needlework, for young and vital women, is an image of death imposed from without. Whereas men live out of doors amidst the vitality of nature, women are confined, like Leonardo's wife, to house and needlework. The Madre herself makes the contrast

to her son: 'Que me gustaría que fueras una mujer. No te irías al
arroyo ahora y bordaríamos las dos cenefas y perritos de lana' (5;
cf. 41). Similarly, when she thinks of the grandchildren she may
have she adds: 'Sí, pero que haya niñas. Que yo quiero bordar y hacer
encaje y estar tranquila' (7). The equation is important. For older
women, whose blood has cooled, needlework is peace of mind. But
not for younger women. The Novia, for example, lives a life of
confinement amidst the *secanos,* 'metida en un desierto' (31), and
she is good at needlework (21). But she threatens revolt against her
confinement and wishes she were a man (24). Will she finally submit
or will she break away? It is the basic dilemma of most of Lorca's
heroines and in the context of his tragic world it involves a choice
between two forms of death: an inner death of submission and
denied passion and a violent death of bloodshed. Which is preferable?
The woodcutters comment on the alternatives and give their own
answer: 'Vale más ser muerto desangrado que vivo con ella podrida'
(53).

The Novia, then, a 'mujer quemada', a 'muchacha acariciada por
el fuego' (70), has finally been swept along in the flood of vitality
represented by Leonardo. This brings us to one of the most
important of all Lorca's images: water. For Lorca especially, the son
of a farmer in the hot lands of Andalucía, water is basically (1) a
thirst-quencher for men and animals and (2) a source of fertility for
the land:

(1) MUJER. ¿Quieres un refresco de limón?
     LEONARDO. Con el agua bien fría. (14)
(2) NOVIO. Estos son los secanos.
     MADRE. Tu padre los hubiera cubierto de árboles.
     NOVIO. ¿Sin agua?
     MADRE. Ya la hubiera buscado. Los tres años que estuvo
             casado conmigo, plantó diez cerezos [. . .]. (19)

Since for Lorca passion is a thirst that finds its ultimate satisfaction
in fertility, that is, in children, it is a short step from the two basic
meanings of water as a thirst-quencher and water as a source of fertility to the notion of water as a means of satisfying passion, either by
offering a suitable place for love (the river, to which Leonardo and
the Novia escape, appears many times in Lorca's works) or as an
image of the lover himself:

NOVIA. [. . .] Yo era una mujer quemada, llena de llagas por
        dentro y por fuera, y tu hijo era un poquito de agua de la que

> yo esperaba hijos, tierra, salud; pero el otro era un río oscuro,
> lleno de ramas, que acercaba a mí el rumor de sus juncos y su
> cantar entre dientes. Y yo corría con tu hijo, que era como un
> niñito de agua fría, y el otro me mandaba cientos de pájaros
> que me impedían el andar y que dejaban escarcha sobre mis
> heridas de pobre mujer marchita, de muchacha acariciada por
> el fuego. (70)

In such a context one might reasonably sense a touch of earthy
peasant humour in the Madre's 'Yo estoy ya vieja para andar por las
terreras del río' (19; cf. '¿Qué hace en las viñas una vieja? ¿Me ibas
a meter debajo de los pámpanos?' 5). Certainly it helps us to understand the significance of the following lines spoken by the Novia to
Leonardo:

> Es justo que yo aquí muera
> con los pies dentro del agua
> y espinas en la cabeza.
> Y que me lloren las hojas,
> mujer perdida y doncella. (63)

On the one hand she is suffering because she has yielded to her
passion and run away with Leonardo ('los pies dentro del agua',
'mujer perdida'); on the other hand she is tormented because she
continues to struggle against her love ('espinas en la cabeza',
'doncella'; cf. 'soy limpia . . . ', 70).[6]

The use of water as an image of human passion and vitality
presupposes the coming together of two real-life functions of water:
water as a thirst-quencher for men and animals, and water as a source
of fertility for the land. It is an excellent pointer to one of the most
important aspects of Lorca's writing — and one of the most effective:
the presentation of human destinies in interaction with the whole
range of creation. In the following passages I shall consider, firstly,
the coming together of men and animals, then the association of

---

[6] Reference was made earlier to the firm rooting of Lorca's imagery
in Andalusian peasant life. Part of that life, of course, is the Catholic
faith and many of Lorca's images are clearly rooted in Catholic tradition.
The repeated use of 'espinas' as an image of suffering is an obvious
example. References to 'clavos', 'cruz', 'paloma', 'serpiente', etc. are all
part of the same tradition. It is useful to make the point here, for in the
rest of this section I am concerned with imagery that has even deeper
roots: pre-Christian; pagan.

men with vegetation and finally the interaction of human destinies with inorganic matter and the elements.

Animals are most commonly invoked by Lorca as images of strength and vitality ('un hombre, que es un toro', 4; '¡Como un toro, la boda / levantándose está!' 35; 'el otro me arrastró [. . .] como la cabezada de un mulo', 70) or as images of man's life of freedom ('un hombre con su caballo sabe mucho', 31; cf. Leonardo who is not a man to go by cart, 38, and who rides his horse into the ground). But the horse has a wider and ultimately more ominous role than this. It offers an image of man's life of freedom and, thence also, by extension, of male vitality unrestrained. But in Lorca's world unrestrained vitality leads to violent death. Consequently, the horse appears also as a creature in touch with the forces that conspire to bring about man's downfall. It warns of approaching danger, yet also, at the same time, carries him to his doom. Thus, in Act I, Scene ii, Leonardo's horse is clearly associated with the horse in the lullaby that shies mysteriously at the black water, and at the end of the second act it is a horse that bears the lovers away and another that carries the Novio off in pursuit. 'Me eché en los ojos arena,' says Leonardo to the Novia; 'Pero montaba a caballo / y el caballo iba a tu puerta' (61). The horse, then, appears ultimately as an instrument of fate.

I pass now to the association of human destinies with vegetation. Like the elevating of individuals to mythical status ('los hombres del amor', cf. 'no hay más que un caballo en el mundo') and the association of individual destinies with forces of blood and fate — and with animals — it forms part of Lorca's universalization process, a means of playing down the merely anecdotic and of showing more general relevance. Thus, marriage is seen by the Madre as 'la roturación de las tierras, la plantación de árboles nuevos' (48) and there is a clear parallel between her husband's vitality and his planting of trees — as there is between his death and the withering away of the Jupiter plant, 'que da flores encarnadas, y se secó' (19). Similarly, the Novio, the 'flor del oro' (35, 36) is later covered with foul sand ('Sobre la flor del oro, sucia arena', 68) and becomes a mere 'brazado de flores secas'.[7] 'Girasol de tu madre,' laments the Madre; 'que te pongan al

---

[7] Strictly speaking, 'la flor del oro' means *the finest* (or *purest*) *of gold* (cf. Endnote D). However, in the context of *Bodas de sangre*, with its emphasis on flowers — and in view of the expression *flor del sol*
(Continued overleaf)

pecho / cruz de amargas adelfas' (71). The 'laurel florido' (28), initially equated with 'amor florido' (33), becomes an 'amargo laurel', finally squeezed to extinction (64). At one extreme, then, flowers are images of human vitality (cf. Endnote D); at the other extreme they are images of death ('No cubras de flores la boda', 59; 'mala hierba', 61; 'dolor de arrayán', 65; 'hierbas amargas', 66).

In such a context, the worn image of the genealogical tree takes on renewed significance. 'Ramas enteras de familia han venido', says the Madre to the Novio (42). The presence of woodcutters in the final act is therefore extremely significant: 'Un árbol de cuarenta ramas. Lo cortaremos pronto' (54). So is the progression from their entreaty to the Moon to leave a dark branch for love (to conceal the lovers, 54) to their entreaty to leave the green branch itself (for survival, 59). And the Novia's longing for Leonardo, we learn, was – in part at least – because he was 'lleno de ramas' (70). In this context the following lines from the Criada's wedding song are perhaps less difficult than they at first appear:

> Un árbol quiero bordarle
> lleno de cintas granates
> y en cada cinta un amor
> con vivas alrededor. (34)

She wishes to embroider a tree full of red ribbons (ribbons like branches; red, the colour of blood, to emphasize their human relevance) and on every ribbon a love (*amor* being much used in Spain to refer to children), with clamours for long life all around (cf. 'Que vivan todos, ¡eso! ¡Que vivan!' 22).

There is a similar parallel between humans and crops. 'Eso me gusta,' says the Madre; 'Los hombres, hombres; el trigo, trigo' (5). Later, after the wedding ceremony, she and the Padre think with illusion of the grandchildren they will have. Yes, says the Padre, these lands need 'brazos [. . .] que hagan brotar las simientes' (41). 'Mi hijo la cubrirá bien,' replies the Madre; 'Es de buena simiente. Su padre pudo haber tenido conmigo muchos hijos.' A moment later

---

(Continued from page xxxix)

(*sunflower;* cf 'girasol', 71) – the word *flor* in 'flor del oro' retains much of its primitive meaning. Compare the use of *plantas* in 'plantas de mis pies', alongside 'mis raíces' (xli), and the comparable revitalization of worn images referred to elsewhere (e.g. the genealogical tree referred to below; cf. also xxi and the last lines of Endnote H) there is yet another juxtaposition of human fertility and the land's fertility:

PADRE.   Ahora tienes que esperar. Mi hija es ancha y tu hijo es fuerte.
MADRE.   Así espero. (*Se levantan.*)
PADRE.   Prepara las bandejas de trigo. (42)

There is a similar juxtaposition, again, in the wedding song, with its announcement of the approaching wedding procession, 'con bandejas de dalias [with the dahlias as images of human vitality, cf. 14] y panes de gloria [images of the land's fertility; *trigo* again]' (33).[8] The same juxtaposition appears yet again in the spinning-song in Act III. The thread, sings the youngest girl, 'Corre, corre, corre, / y al fin llegará / a poner cuchillo / y quitar el pan' (65): the thread (of human life) will finally be cut and the produce of the land be taken away. And this, of course, is what happens. The Novio, 'espejo de la tierra' (71), is destined not to cultivate wheat but to lie beneath it: 'Benditos sean los trigos, porque mis hijos están debajo de ellos' (71), and the Madre is left with tears that will well up 'de las plantas de mis pies, de mis raíces': 'La tierra y yo. Mi llanto y yo' (69).

The last words serve nicely as a transition to the next stage of study, for a similar universalization effect – and a similarly powerful impact on audience and reader – is produced by the association of man's destinies with elements of earth and sky. Lorca himself pointed to related 'notas primarias de [su] carácter poético': 'el claro oscuro y el gusto de mezclar imágenes astronómicas con insectos y hechos vulgares' (*OC* I, 1086). In *Bodas de sangre* it is as though all nature comes alive and becomes involved in the human action presented, especially in the climactic build-up of the final act. The appearance of the moon as a death-craving woodcutter is an obvious example and the words spoken by the personified Moon make it even clearer (Endnote J). Moreover, it is not only the knife that lies in wait for the final bloodshed ('que siendo acecho de plomo / quiere ser dolor

---

[8] In 'panes de gloria' there is an echo also of the consecrated bread of the Eucharist (*pan de gloria*), and elsewhere in the play the earth stained with the spilt blood of the Madre's elder son is likened to the consecrated host (42) – in short, yet another link between bread (crops) and human life. The 'panes de gloria' are not to be associated, I think, with the well-known *glorias* or *pastelitos de gloria* (pastries filled with sweet potatoes and almonds).

de sangre', 54), but also night itself ('el acecho de la noche', 53) as
well as the moon's valleys of ash ('[que] despiertan / en ansia de
esta fuente de chorro estremecido', 57). As the moment of death
draws near, both the approach of day and the fading of night are
presented in appropriately ominous terms:

LEONARDO.   Pájaros de la mañana
               por los árboles se quiebran.
               La noche se está muriendo
               en el filo de la piedra. (62)

Birds of dawn break open among the trees (with their song) – echoing
the Novia's desire, a moment earlier, to break open the branches and
the murmur of Leonardo's veins (61) – and the night dies on the
sharp edge of the surrounding mountains, with a reminder of the
knife edge that has been hovering over the whole play. It is as though
everything is conspiring to make the outcome inevitable:

               Clavos de luna nos funden
               mi cintura y tus caderas. (63)

At the very peak of this universalization process are the four
elements themselves: water, fire, earth and air. As was stated earlier,
water is invoked frequently by Lorca both as an appropriate place
for love and as an image of the lover himself, and fire is much used
as an image of passion. But there is more to water and fire than this.
It is as though both elements are themselves destructive forces and
conspirators in the outcome. 'No se puede estar ahí dentro del calor',
says the Novia as she is being prepared for her wedding. '[Mi madre]
se consumió aquí,' she adds a moment later, 'como nos consumimos
todas' (26). Later the effect of fire becomes more obviously relevant
to her passion: ' ¡Ay, qué lamento, qué fuego / me sube por la cabeza!',
(61), and this is echoed by Leonardo: 'Se abrasa lumbre con lumbre'
(62). In the final scene the Novia takes up the theme again, claiming
mitigation of her guilt through the irresistibility of her passion, and
invoking fire and water as images of that irresistibility: she was a
'mujer quemada', she proclaims, a 'muchacha acariciada por el fuego',
and Leonardo was a dark river who swept her along 'como un golpe
de mar' (70). Fire and water, then, are alike presented as irresistible
forces. Before their onslaught one is helpless. Leonardo made
exactly the same point with reference to another of the elements,
earth:

> Que yo no tengo la culpa,
> que la culpa es de la tierra
> y de ese olor que te sale
> de los pechos y las trenzas. (61)

And it was the earth, one remembers, that soaked up the blood of the Madre's elder son (42). We are left, then, with one more element, air. Already at the beginning of Act II the Novia sensed 'un mal aire en el centro' (28) and the very lacework of her mantilla was seen as 'aire oscuro' (38). Moreover, the Madre wanted there to be girls among her grandchildren because 'los varones son del viento' (41), an image of their dangerous and fleeting lives that parallels exactly that of the stream ('Que me gustaría que fueras una mujer. No te irías al arroyo ahora y bordaríamos las dos . . . ', 5). But as with the other elements it is not until the final act that the air takes on its full primitive strength, with the reeds playing at its broad feet as though it were a giant (55[twice]), ready to gather up the moans of the dying men. Like the other elements it has become a destructive force, knife-edged like the mountain crest referred to earlier: 'El aire va llegando duro, con doble filo' (56). It is of course significant that the four elements should appear together most powerfully in the final act, at the climax of the play's progression from human anecdote to underlying forces. The four elements are the ultimate expression of what Lorca's whole work is about: the mysterious, elemental forces that guide man's destiny.

Bodas de sangre is a complex of elements vibrating with symbolic significance, elements of physical reality that point beyond mere physical reality to a world of mysterious associations and hidden forces. Decor and lighting, characters, gestures, song and speech — all fuse in a symphony of sight and sound. It is not a realistic play, however deeply rooted in reality it may be, and it marks a notable departure from rural *costumbrista* drama with emphasis on local colour for its own sake. *Bodas de sangre* is stylized, like ballet. And because of the symbolic significance of elements that in their usual context have a purely denotative function, it is a work that calls for careful attention on the part of the spectator. In the prologue to another of his plays Lorca himself makes the point:

> Hombres y mujeres, atención; niño, cállate. Quiero que haya un silencio tan profundo que oigamos el glú-glú de los manantiales. Y si un pájaro mueve un ala, que también lo oigamos; y

> si una hormiguita mueve la patita, que también la oigamos; y si
> un corazón late con fuerza, nos parezca una mano apartando
> los juncos de la orilla. *(OC* II, 539)

Everything has its significance. Pay attention. 'El poeta no pide
benevolencia, sino atención' *(OC* II, 255).

Is it, then, a 'teatro para minorias'? After all, Lorca's generation
had in general turned its back on popular appeal and decided that
the arts were of necessity limited to a minority public. But one possible exception that springs to mind in the poetry of the 1920s is
Lorca's *Romancero gitano.* Moreover, one can perhaps say of Lorca's
tragedies something similar to what Lorca himself said of Calderón's
La vida es sueño: that to understand it special knowledge is required
but to feel it the housemaid and the presumptuous madame are in
the same position. He continues: 'Claro que hay gente irremisible-
mente perdida para el teatro. Pero claro, son aquellas "que tienen
ojos y no ven, oídos y no oyen" ' *(OC* II, 1037). From early childhood
Lorca had been fascinated by dramatic representation and during the
last four years of his life he spent a considerable part of his energies
directing the Teatro Español Universitario ('La Barraca'), which
toured round the towns and villages of Spain so that ordinary people
could enjoy the classics of the Spanish theatre of the Golden Age.
'Donde más me gusta trabajar es en los pueblos', he said in 1934; 'De
pronto ver un aldeano que se queda admirado ante un romance de
Lope, y no puede contenerse y exclama: "¡Qué bien se expresa!" '
(OC 11, 1030). This is hardly the language of a dramatist for *minorías.*
When the people up in the gods came down to occupy the stalls,
Lorca believed, everything would be resolved *(OC* 11, 1037), and in
his own tragedies ordinary people have replaced the kings and princes
and heroes of classical tragedy. In 1936, only a few weeks before his
death, Lorca was to declare: 'Yo tengo un ansia verdadera por
comunicarme con los demás. Por eso llamé a las puertas del teatro y al
teatro consagro toda mi sensibilidad' *(OC* 11, 1083). But for Lorca
communication does not mean a reduction to the purely conceptual.
Theatre must always be literature *(OC* 11, 1037). It is easier to make
people feel, he believes, than to make them understand: 'El teatro es
la poesía que se levanta del libro y se hace humana [. . .] . El teatro
necesita que los personajes que aparezcan en la escena lleven un traje
de poesía y al mismo tiempo que se les vean los huesos, la sangre'
(OC 11, 1078). In the present section I have aimed to show that in
fact no separation is possible: the *traje de poesía is* an integral part

of the *huesos* and the *sangre*. Human dilemmas are presented forcibly because they are presented poetically. 'La poesía es algo que anda por las calles' (*OC* II, 1076).

SIGNIFICANT 'ERRORS'

There are a few apparent minor errors in *Bodas de sangre,* caused either by the author or by a printer or publisher. Thus, Beggar Death, we are told, 'no figura en el reparto' (56) — a nice reminder that for Lorca death is present even when it is not named — but Beggar Death does appear in the cast-list. Similarly, amidst an increasingly agitated search for the Novia at the end of Act II, the Novio first goes off to look for the Novia inside the house (*Entra*), returns (*Saliendo*), goes off to look for her outside (*Sale*), returns again (*Entrando*), but there is then either a missing *sale* or a superfluous *entrando* before his final exit in pursuit of the fleeing lovers (*Sale con dos mozos*). Similarly again, one should perhaps read 'el caballo no quiere beber' throughout Act I, Scene ii, including *both* repetitions at the end of the scene, for 'el caballo se pone a beber' (19), caused presumably by a momentary glimpse of 'se pone a llorar', two lines later, during copying (a frequent copyist's error, even when one is copying one's own work), destroys the overall effect.[9] Yet again, it is difficult to see an obviously immediate relationship between the Madre's 'Mientras una vive, lucha' and the Novio's reply, '¡Siempre la obedezco!' (49) and one might suspect that lines have been omitted. However, I find nothing in early editions to justify changing the text in any of these cases and I have therefore respected early readings throughout.

There is a possible alternative explanation of the last of the cases mentioned above. It could be argued that the Madre says, 'As long as one is alive one struggles', but that the Novio interprets 'lucha' as

---

[9] This view would not be shared by those critics who find in 'se pone a beber' a significant and effective change from the earlier 'no quiere beber.' But why, then, the change back to 'el caballo no quiere beber' a few lines later? And why should Lorca want the tension to be released by the change from 'no quiere beber' to 'se pone a beber'? The impact of the ending, I suggest, depends very much on the continuing contrast between 'no quiere beber' (the refusal to take water) and 'se pone a llorar' (the shedding of water as tears).

an imperative, an indication to him that as long as his mother is alive he must struggle, whereupon he indicates his willingness to obey her. If that were the case, it would serve to bring out the Novio's excessive submission to his mother and therefore be a significant and dramatically relevant misunderstanding. Similarly, we learn from Leonardo's wife, in Act I, Scene ii, that the wedding 'será dentro de un mes' (15), which is the minimum time one could reasonably allow for a church wedding, with the necessary bans and arrangements and with guests being invited from far afield (43, 51). But in Act I, Scene iii, when the Madre asks her son, '¿Cuándo queréis la boda?', the Novio replies, 'El jueves próximo', and this is agreed (21). Why, since it offends real-life possibilities? Perhaps to show the Novio's keenness to get married, or to emphasize the sparse, down-to-earth manner in which the marriage is arranged, or to concentrate the time-span and action of the play, as in classical tragedy. Or perhaps Lorca saw it as a means of prompting the Padre's recollection that Thursday is the Novia's birthday, which in turn prompts another outbreak of the Madre's obsession about the killings in her family. If one accepts any of these explanations, one is accepting not only that Lorca selected, streamlined and orchestrated prosaic real-life experience, but also that, in the interests of dramatic effectiveness, he on occasion violated it too. It is this type of violation of real-life experience that I refer to as 'significant error'. Such 'errors' can add much to the progression and impact of Lorca's plays. There are several notable examples in *Bodas de sangre*.

One of them has already been mentioned. The Novio's character is not consistent: in the early part of the play Lorca needs to justify the Novia's preference for Leonardo and he therefore brings out the Novio's inadequacies as a man; for the tragic denouement, on the other hand, he needs a worthy opponent for Leonardo and the Novio grows accordingly. His character, then, has been made to conform to the dramatic exigencies of the plot. There is no individuality in Lorca for the sake of individuality. Characters are allowed existence and endowed with qualities only in so far as these contribute to the total effect of the play. *Bodas de sangre* is a tragic poem. Everything in it is subordinated to the main tragic progression — even the logicalities and consistencies of reality.

The second example concerns the background chronology of the play. The Madre had been married for only three years when her husband died (19), leaving her with two sons. Since the husband died before he had an opportunity to give her more children (7) and since the elder son would have been twenty-two if he had lived (21) and since the Madre claims that she has not been to the top of the street for twenty years (8), we can affirm with reasonable certainty that the father was killed twenty years ago. 'Primero tu padre [. . .] . Luego tu hermano' (4). The son, then, was killed later, presumably when he was grown up ('caliente y macho', 21; 'Una fuente que corre un minuto y a nosotros nos ha costado años', 42; cf. the Madre's repeated references to the killing of 'hombres'). Yet the Vecina, in the first scene of the play, says that Leonardo was only eight years old 'cuando las cuestiones' and the Madre agrees (10). Since she would hardly fail to include the death of her elder son in 'las cuestiones', we must assume either that the elder son was, after all, killed when he was still an infant – or little more – or that Leonardo is still a very young adolescent, or that Lorca has made an 'error' of chronology. This last possibility seems the most likely, especially since the play gains dramatically by its inconsistency on this point. There are two main elements in conflict: the age of the elder son when he was killed and the age of Leonardo at that time. By suggesting that the elder son was killed in a feud with the Félix family when he was grown up, Lorca establishes an extra father–son parallel, emphasizes the weight of heredity, and makes the play's conclusion more clearly inevitable and more pathetic. On the other hand, by pushing the event back to the time of Leonardo's childhood, Lorca takes away all suggestion of Leonardo's personal involvement in the killing ('Mujer, ¿qué culpa tiene Leonardo de nada? El tenía ocho años cuando las cuestiones', 10) and thereby keeps the Madre's fears in a realm of irrational foreboding and places Leonardo's subsequent action, like the Novio's, in a context of fatalistic heredity, with another father–son parallel. In short, by means of a chronological 'error' *Bodas de sangre* gains in tragic intensity.

The third notable 'illogicality' occurs in the closing moments of the second act. After a scene of rejoicing and revelry in which even the Madre's fears seem to have been quieted Leonardo and the Novia have run away together. The Madre immediately sees the coming together of the three complementary threads of heredity (Novia, Leonardo and Novio) turns on the Padre and announces the return of bloodshed and feud (50–1). Since she has been obsessed by bloodshed and feuds since the curtain went up on the first act, this is an understandable new outbreak of her obsession. But it is less easy to

justify the dramatic separation of the wedding guests into opposing
groups on the stage. Leonardo's family is not present at the wedding.
He is there himself only because he is married to a cousin of the
Novia, but the Novia's father despises him (40). One would therefore
expect everyone to join together in pursuit of the escaping lovers
(as has apparently happened in the last act, 52) rather than start up
a new feud. Of course, one can seek to justify the separation into
opposing groups as a response to the Madre's insults of mother and
daughter, but the spectator in the theatre does not go through these
intellectual processes. Indeed, it probably does not even occur to
him that these are not the same two groups that have haunted the
Madre from the beginning. And this is surely what Lorca intended.
The spectator sees the 'dos grupos' through his emotions, like the
Madre. They offer highly effective visual confirmation that the feud
has returned and that fulfilment of the Madre's foreboding is now
moving into its final stages.

In an earlier section it was shown how Lorca invokes knives both
in their prosaic function and in their ominous associations and then
plays down – or even casts aside – the prosaic function so that the
ominous associations prevail. He does something similar with the
woodcutters in Act III, Scene i. 'Un árbol de cuarenta ramas. Lo
cortaremos pronto' (54). But real-life woodcutters do not cut down
trees in the middle of the night. It is clearly the cutting down of a
genealogical tree with which they – and we – are principally
concerned, and that cutting down takes place, most appropriately, at
night, when the dark forces of fate have taken over the action of the
play. Characteristically – and significantly – Lorca's best-known
tragedies evolve from morning to night, from light to darkness, from
life to death.

I conclude with a brief reference to Lorca's imagery. There, too,
there is evidence of his violation of prosaic real-life experience. Thus,
the man of vitality is a torrent, a dark river full of branches, a surging
sea, and he sets women on fire with his vitality. Water, then, sets on
fire. But prosaic functions are a poor guide, as they were with the
knife. Behind Lorca's fire that burns is the elemental fire that
destroys whatever it touches. And behind Lorca's water that quenches
is the elemental water that sweeps everything before it. Emotionally,
both fire and water are present in Lorca's works as unfettered,
elemental forces of nature. Whatever the logic of their real-life functions, they complement rather than contradict one another. Together

with the other two elements, earth and air, they are the supreme expression, on a mythical plane of grandeur, of the mysterious forces that guide men's destinies. It is these same forces that guide the structure and progression of *Bodas de sangre*.

A SELECT BIBLIOGRAPHY

In the present edition, references to Lorca's works other than *Bodas de sangre* are to his *Obras completas*, 2 vols., Aguilar, Madrid 1977. The following critical studies are listed in chronological order of first publication:

Pedro Salinas, *Literatura española: siglo xx*, 2nd ed., Robredo, Mexico 1949, 198–204 ('Dramatismo y teatro de Federico García Lorca') [1936]. Also in Alianza.

Francisco García Lorca, Introduction to Lorca, *Three Tragedies (Blood Wedding, Yerma, The House of Bernarda Alba)* [1947]. Penguin.

Edward C. Riley, 'Sobre *Bodas de sangre*', in *Clavileño* 7 (enero-febrero 1951), 8–12.

Gustavo Correa, *La poesía mítica de Federico García Lorca*, University of Oregon, 1957, pp. 54–79 (*'Bodas de sangre'*).

Robert Barnes, 'The fusion of poetry and drama in *Blood Wedding*', in *Modern Drama* 2 (1960), 395–402.

Ronald J. Dickson, 'Archetypal symbolism in Lorca's *Bodas de sangre*', in *Literature and Psychology* 10 (1961), 76–9.

Ronald Gaskell, 'Theme and form: Lorca's *Blood Wedding*', in *Modern Drama* 5 (1962–3), 431–9.

Robert Lima, *The Theatre of García Lorca*, Las Américas, New York 1963, 188–216 (*'Bodas de sangre'*).

Eva K. Touster, 'Thematic patterns in Lorca's *Blood Wedding*', in *Modern Drama* 7 (1964–5), 16–27.

Paul Remy, 'Le chromatisme dans *Bodas de sangre* de Federico García Lorca', in *Romanica Gandensia* 10 (1965), 43–79.

Juan Villegas, 'El leitmotiv del caballo en *Bodas de sangre*', in *Hispanófila* 29 (enero 1967), 21–36.

Julian Palley, 'Archetypal symbols in *Bodas de sangre*', in *Hispania* 50 (1967), 74–9.

R. A. Zimbardo, 'The mythic pattern in Lorca's *Blood Wedding*', in *Modern Drama* 10 (1967–8), 364–71.

Charles Lloyd Halliburton, 'García Lorca, the tragedian: an Aristotelian analysis of *Bodas de sangre*', in *Revista de Estudios Hispánicos* 2 (1968), 35–40.

Cedric Busette, *Obra dramática de García Lorca*, Las Américas, New York–Madrid 1971, 29–45 (*'Bodas de sangre'*).

José Monleón, Introduction to his edition of *Bodas de sangre*, Aymá, Barcelona 1971.

Luis González del Valle, *'Bodas de sangre* y sus elementos trágicos', in *Archivum* 21 (1971), 95−120.

Minako Nonoyama, 'Vida y muerte en *Bodas de sangre'*, in *Arbor* 83 (1972), 307−15.

Luis González del Valle, 'Justicia poética en *Bodas de sangre'*, in *Romance Notes* 14 (1972−3), 236−41.

Carlos Feal Deibe, *Eros y Lorca*, Barcelona 1973, 229−59 (*'Bodas de sangre'*).

Norma Louise Hutman, 'Inside the circle: on rereading *Blood Wedding'*, in *Modern Drama* 16 (1973), 329−36.

John T. H. Timm, 'Some critical observations on García Lorca's *Bodas de sangre'*, in *Revista de Estudios Hispánicos* 7 (1973), 255−88.

Rupert C. Allen, *Psyche and Symbol in the Theater of Federico García Lorca*, University of Texas, 1974, 161−211 ('A symbological commentary on *Blood Wedding'*).

Reed Anderson, 'The idea of tragedy in García Lorca's *Bodas de sangre'*, in *Revista Hispánica Moderna* 38 (1974−5), 174−88.

Daniel López, 'Predestination in Federico García Lorca's *Bodas de sangre'*, in *García Lorca Review* 5 (1977), 95−103.

Arturo Jiménez-Vera, 'El fondo dramático de *Bodas de sangre'*, in *Revue des Langues Vivantes* 44 (1978), 247−52.

Michael D. Thomas, 'Lenguaje poético y caracterización en tres dramas de Federico García Lorca', in *Revista de Estudios Hispánicos* 12 (1978), 373−97.

BODAS DE SANGRE

TRAGEDIA EN TRES ACTOS Y SIETE CUADROS

(1 9 3 3)

PERSONAJES

LA MADRE

LA NOVIA

LA SUEGRA *mother-in-law.*

LA MUJER DE LEONARDO

LA CRIADA *maid.*

LA VECINA

MUCHACHAS *girls*

LEONARDO

EL NOVIO

EL PADRE DE LA NOVIA

LA LUNA

LA MUERTE (*como mendiga*)

LEÑADORES *wood-cutters*

MOZOS *boys*

ACTO PRIMERO

CUADRO PRIMERO[1]

Habitación pintada de amarillo. colour of death

NOVIO. (*Entrando.*)   Madre.

MADRE.   ¿Qué?

NOVIO.   Me voy

MADRE.   ¿Adónde?

NOVIO.   A la viña. (*Va a salir.*)

MADRE.   Espera.

NOVIO.   ¿Quiere algo?[2]

MADRE.   Hijo, el almuerzo.   pen-knife

NOVIO.   Déjelo. Comeré uvas. Deme la navaja.

MADRE.   ¿Para qué?

NOVIO. (*Riendo.*)   Para cortarlas.

MADRE. (*Entre dientes y buscándola.*)   La navaja, la navaja . . . Malditas sean todas y el bribón que las inventó.
Damn them all

NOVIO.   Vamos a otro asunto.
change the topic

[1]Introduction, x.

[2]On forms of address see Endnote A.

3

MADRE.   Y las escopetas y las pistolas y el cuchillo más pequeño, y hasta las azadas y los bieldos de la era.[3]

NOVIO.   Bueno.

MADRE.   Todo lo que puede cortar el cuerpo de un hombre. Un hombre hermoso, con su flor en la boca, que sale a las viñas o va a sus olivos propios, porque son de él, heredados . . .

NOVIO. (*Bajando la cabeza.*)   Calle usted.

MADRE.   . . . y ese hombre no vuelve. O si vuelve es para ponerle una palma encima o un plato de sal gorda para que no se hinche.[4] No sé cómo te atreves a llevar una navaja en tu cuerpo, ni cómo yo dejo a la serpiente dentro del arcón.

NOVIO.   ¿Está bueno ya?[5]

MADRE.   Cien años que yo viviera, no hablaría de otra cosa. Primero tu padre, que me olía a clavel y lo disfruté tres años escasos.[6] Luego tu hermano. ¿Y es justo y puede ser que una cosa pequeña como una pistola o una navaja pueda acabar con un hombre, que es un toro? No callaría nunca. Pasan los meses y la desesperación me pica en los ojos y hasta en las puntas del pelo.

NOVIO. (*Fuerte.*)   ¿Vamos a acabar?

MADRE.   No. No vamos a acabar. ¿Me puede alguien traer a tu padre? ¿Y a tu hermano? Y luego el presidio. ¿Qué es el presidio? ¡Allí comen, allí fuman, allí tocan los instrumentos! Mis muertos llenos de hierba, sin hablar, hechos polvo; dos hombres que eran dos geranios . . . Los matadores, en presidio, frescos, viendo los montes . . .

[3] Endnote B.

[4] Endnote C.

[5] *Have you done now?*

[6] *First your father, who smelt to me of carnation* (Endnote D), *and he was mine* (lit. *I enjoyed him*) *for three short years.*

NOVIO. ¿Es que quiere usted que los mate?

MADRE. No ... Si hablo es porque ... ¿Cómo no voy a hablar viéndote salir por esa puerta? Es que no me gusta que lleves navaja. Es que ... que no quisiera que salieras al campo.

NOVIO. (*Riendo.*) ¡Vamos!

MADRE. Que me gustaría que fueras una mujer. No te irías al arroyo ahora y bordaríamos las dos cenefas y perritos de lana.[7]

NOVIO. (*Coge de un brazo a la* MADRE *y ríe.*) Madre, ¿y si yo la llevara conmigo a las viñas?

MADRE. ¿Qué hace en las viñas una vieja? ¿Me ibas a meter debajo de los pámpanos?

NOVIO. (*Levantándola en sus brazos.*) Vieja, revieja, requetevieja.[8]

MADRE. Tu padre sí que me llevaba. Eso es buena casta. Sangre. Tu abuelo dejó un hijo en cada esquina. Eso me gusta. Los hombres, hombres; el trigo, trigo.

NOVIO. ¿Y yo, madre?

MADRE. ¿Tú, qué?

NOVIO. ¿Necesito decírselo otra vez?

MADRE. (*Seria.*) ¡Ah!

NOVIO. ¿Es que le parece mal?

MADRE. No.

NOVIO. ¿Entonces? ...

MADRE. No lo sé yo misma. Así, de pronto, siempre me sorprende. Yo sé que la muchacha es buena. ¿Verdad que sí? Modosa. Trabajadora. Amasa su pan y cose sus faldas, y siento sin

---

[7] *the two of us would embroider edgings and little woolly dogs.*
[8] *Old woman, you old woman, you very very old woman.*

embargo, cuando la nombro, como si me dieran una pedrada en la frente.

NOVIO.   Tonterías.

MADRE.   Más que tonterías. Es que me quedo sola Ya no me quedas más que tú y siento que te vayas.

NOVIO.   Pero usted vendrá con nosotros.

MADRE.   No. Yo no puedo dejar aquí solos a tu padre y a tu hermano. Tengo que ir todas las mañanas, y si me voy es fácil que muera uno de los Félix, uno de la familia de los matadores, y lo entierren al lado. ¡Y eso sí que no! ¡Ca! ¡Eso sí que no! Porque con las uñas los desentierro y yo sola los machaco contra la tapia.

NOVIO. (*Fuerte.*)   Vuelta otra vez.[9]

MADRE.   Perdóname. (*Pausa*) ¿Cuánto tiempo llevas en relaciones?

NOVIO.   Tres años. Ya pude comprar la viña.

MADRE.   Tres años. ¿Ella tuvo un novio, no?

NOVIO.   No sé. Creo que no. Las muchachas tienen que mirar con quién se casan.

MADRE.   Sí. Yo no miré a nadie. Miré a tu padre, y cuando lo mataron miré a la pared de enfrente. Una mujer con un hombre, y ya está.

NOVIO.   Usted sabe que mi novia es buena.

MADRE.   No lo dudo. De todos modos siento no saber cómo fue su madre.

NOVIO.   ¿Qué más da?[10]

---

[9] *There you go again.*
[10] *What does it matter?*

MADRE. (*Mirándolo.*)   Hijo.

NOVIO.   ¿Qué quiere usted?

MADRE.   ¡Que es verdad! ¡Que tienes razón! ¿Cuándo quieres que la pida?[11]

NOVIO. (*Alegre.*)   ¿Le parece bien el domingo?

MADRE. (*Seria.*)   Le llevaré los pendientes de azófar, que son antiguos, y tú le compras . . .

NOVIO.   Usted entiende más . . .

MADRE.   Le compras unas medias caladas,[12] y para ti dos trajes... ¡Tres! ¡No te tengo más que a ti!

NOVIO.   Me voy. Mañana iré a verla.

MADRE.   Sí, sí, y a ver si me alegras con seis nietos, o los que te dé la gana, ya que tu padre no tuvo lugar de hacérmelos a mí.[13]

NOVIO.   El primero para usted.

MADRE.   Sí, pero que haya niñas. Que yo quiero bordar y hacer encaje y estar tranquila.

NOVIO.   Estoy seguro de que usted querrá a mi novia.

MADRE.   La querré. (*Se dirige a besarlo y reacciona.*) Anda, ya estás muy grande para besos. Se los das a tu mujer. (*Pausa. Aparte.*) Cuando lo sea.[14]

NOVIO.   Me voy.

---

[11] *When do you want me to ask for her?* (Reference to the parent's traditional asking for the girl's hand in marriage).

[12] *patterned stockings* (as opposed to everyday *medias lisas, plain stockings*).

[13] *or as many as you want, since your father didn't have a chance to give* me *them.*

[14] *When she is* (*your wife*). The Madre's misgivings continue.

MADRE.   Que caves bien la parte del molinillo, que la tienes
descuidada.[15]

NOVIO.   ¡Lo dicho![16]

MADRE.   Anda con Dios. (*Vase el* NOVIO. *La* MADRE *queda
sentada de espaldas a la puerta. Aparece en la puerta una*
VECINA *vestida de color oscuro, con pañuelo a la cabeza.*)
Pasa.

VECINA.   ¿Cómo estás?

MADRE.   Ya ves.

VECINA.   Yo bajé a la tienda y vine a verte. ¡Vivimos tan lejos!

MADRE.   Hace veinte años que no he subido a lo alto de la calle.

VECINA.   Tú estás bien.

MADRE.   ¿Lo crees?

VECINA.   Las cosas pasan. Hace dos días trajeron al hijo de mi
vecina con los dos brazos cortados por la máquina. (*Se sienta.*)

MADRE.   ¿A Rafael?

VECINA.   Sí. Y allí lo tienes. Muchas veces pienso que tu hijo y
el mío están mejor donde están, dormidos, descansando,
que no expuestos a quedarse inútiles.

MADRE.   Calla. Todo eso son invenciones, pero no consuelos.

VECINA.   ¡Ay!

MADRE.   ¡Ay! (*Pausa.*)

VECINA. (*Triste.*)   ¿Y tu hijo?

MADRE.   Salió.

---

[15] *Give the part round the little mill a good digging over. You've
neglected it.*

[16] *It's settled, then* (or *Remember what you've said*).

VECINA.   ¡Al fin compró la viña!

MADRE.   Tuvo suerte.

VECINA.   Ahora se casará.

MADRE. (*Como despertando y acercando su silla a la silla de la* VECINA.)   Oye.

VECINA. (*En plan confidencial.*)   Dime.

MADRE.   ¿Tú conoces a la novia de mi hijo?

VECINA.   ¡Buena muchacha!

MADRE.   Sí, pero . . .

VECINA.   Pero quien la conozca a fondo no hay nadie. Vive sola con su padre allí, tan lejos, a diez leguas de la casa más cerca. Pero es buena. Acostumbrada a la soledad.

MADRE.   ¿Y su madre?

VECINA.   A su madre la conocí. Hermosa. Le relucía la cara como a un santo; pero a mí no me gustó nunca. No quería a su marido.

MADRE. (*Fuerte.*)   Pero ¡cuántas cosas sabéis las gentes!

VECINA.   Perdona. No quise ofender; pero es verdad. Ahora, si fue decente o no, nadie lo dijo. De esto no se ha hablado. Ella era orgullosa.

MADRE.   ¡Siempre igual!

VECINA.   Tú me preguntaste.

MADRE.   Es que quisiera que ni a la viva, ni a la muerta las conociera nadie. Que fueran como dos cardos, que ninguna persona les nombra y pinchan si llega el momento.[17]

---

[17](*The fact is,*) *I wish no one knew them, either the one who's alive* [the daughter] *or the one who's dead* [the mother]; *that they were like two thistles that no one names and they prick you if you do* (i.e. like thistles, to defend themselves from intrusion).

VECINA.   Tienes razón. Tu hijo vale mucho.

MADRE.   Vale. Por eso lo cuido. A mí me habían dicho que la muchacha tuvo novio hace tiempo.

VECINA.   Tendría ella quince años. El se casó ya hace dos años, con una prima de ella, por cierto. Nadie se acuerda del noviazgo.

MADRE.   ¿Cómo te acuerdas tú?

VECINA.   ¡Me haces unas preguntas!

MADRE.   A cada uno le gusta enterarse de lo que le duele. ¿Quién fue el novio?

VECINA.   Leonardo.

MADRE.   ¿Qué Leonardo?

VECINA.   Leonardo el de los Félix.

MADRE. (*Levantándose.*)   ¡De los Félix!

VECINA.   Mujer, ¿qué culpa tiene Leonardo de nada? El tenía ocho años cuando las cuestiones.[18]

MADRE.   Es verdad ... Pero oigo eso de Félix y es lo mismo (*Entre dientes.*) Félix que llenárseme de cieno la boca (*Escupe.*) y tengo que escupir, tengo que escupir por no matar.

VECINA.   Repórtate; ¿qué sacas con eso?[19]

MADRE.   Nada. Pero tú lo comprendes.

VECINA.   No te opongas a la felicidad de tu hijo. No le digas nada. Tú estás vieja. Yo también. A ti y a mí nos toca callar.[20]

MADRE.   No le diré nada.

VECINA. (*Besándola.*)   Nada.

[18] *at the time of the troubles.*

[19] *Pull yourself together* (or *Calm down*). *What good does it do you?*

[20] *You and I just have to keep quiet.*

MADRE.   (*Serena.*) ¡Las cosas! . . .

VECINA.   Me voy, que pronto llegará mi gente del campo.

MADRE.   ¿Has visto qué día de calor?

VECINA.   Iban negros los chiquillos que llevan el agua a los
          segadores.[21] Adiós, mujer.

MADRE.   Adiós.

          (*La* MADRE *se dirige a la puerta de la izquierda. En medio del
          camino se detiene y lentamente se santigua.*)

                    Telón   ✳   *crosses her soul*

CUADRO SEGUNDO[1]

*Habitación pintada de rosa con cobres y ramos de flores
populares. En el centro, una mesa con mantel. Es la mañana.*

mother-in-law

(SUEGRA *de Leonardo con un niño en brazos. Lo mece. La*
MUJER, *en la otra esquina, hace punto de media.*)

Leonardo's wife

SUEGRA.   Nana, niño, nana
                del caballo grande
                que no quiso el agua.[2]
                El agua era negra
                dentro de las ramas.
                Cuando llega al puente
                se detiene y canta.
                ¿Quién dirá, mi niño,
                lo que tiene el agua,[3]
                con su larga cola
                por su verde sala?

[21] *The young lads who take water to the reapers were furious*
(or *fed up*).

[1] Introduction, xi.

[2] On the lullaby see Endnote E.

[3] *what's amiss with the water.*

MUJER. (*Bajo.*)   Duérmete, clavel,
                   que el caballo no quiere beber.

SUEGRA.   Duérmete, rosal,
                   que el caballo se pone a llorar.
                   Las patas heridas,
                   las crines heladas,
                   dentro de los ojos.
                   un puñal de plata.
                   Bajaban al río.
                   ¡Ay, cómo bajaban!
                   La sangre corría
                   más fuerte que el agua.

MUJER.   Duérmete, clavel,
                   que el caballo no quiere beber.

SUEGRA.   Duérmete, rosal,
                   que el caballo se pone a llorar.

MUJER.   No quiso tocar
                   la orilla mojada,
                   su belfo caliente
                   con moscas de plata.
                   A los montes duros
                   sólo relinchaba
                   con el río muerto
                   sobre la garganta.
                   ¡Ay caballo grande
                   que no quiso el agua!
                   ¡Ay dolor de nieve,
                   caballo del alba!

SUEGRA.   ¡No vengas! Detente,
                   cierra la ventana
                   con rama de sueños
                   y sueño de ramas.

MUJER.   Mi niño se duerme.

SUEGRA.   Mi niño se calla.

MUJER.   Caballo, mi niño
               tiene una almohada. *pillow*

SUEGRA.   Su cuna de acero.

MUJER.   Su colcha de holanda.

SUEGRA.   Nana, niño, nana.

MUJER.   ¡Ay caballo grande
               que no quiso el agua!

SUEGRA.   ¡No vengas, no entres!
               Vete a la montaña.
               Por los valles grises
               donde está la jaca.

MUJER. (*Mirando.*)
               Mi niño se duerme.

SUEGRA.   Mi niño descansa.

MUJER. (*Bajito.*)
               Duérmete, clavel,
               que el caballo no quiere beber.

SUEGRA. (*Levantándose y muy bajito.*)
               Duérmete, rosal,
               que el caballo se pone a llorar.

      (*Entran al niño. Entra* LEONARDO.)[4]

LEONARDO.   ¿Y el niño?

MUJER.   Se durmió.

LEONARDO.   Ayer no estuvo bien. Lloró por la noche.

---

[4] *They take the child off. Leonardo enters* (See Endnote F).

MUJER. (*Alegre.*) Hoy está como una dalia. ¿Y tú? ¿Fuiste a casa del herrador?

LEONARDO. De allí vengo. ¿Querrás creer? Llevo más de dos meses poniendo herraduras nuevas al caballo y siempre se le caen. Por lo visto se las arranca con las piedras.

MUJER. ¿Y no será que lo usas mucho?

LEONARDO. No. Casi no lo utilizo.

MUJER. Ayer me dijeron las vecinas que te habían visto al límite de los llanos.

LEONARDO. ¿Quién lo dijo?

MUJER. Las mujeres que cogen las alcaparras. Por cierto que me sorprendió. ¿Eras tú?

LEONARDO. No. ¿Qué iba a hacer yo allí, en aquel secano?

MUJER. Eso dije. Pero el caballo estaba reventando de sudar.[5]

LEONARDO. ¿Lo viste tú?

MUJER. No. Mi madre.

LEONARDO. ¿Está con el niño?

MUJER. Sí. ¿Quieres un refresco de limón?

LEONARDO. Con el agua bien fría.

MUJER. ¡Como no viniste a comer! . . .

LEONARDO. Estuve con los medidores del trigo. Siempre entretienen.

MUJER. (*Haciendo el refresco y muy tierna.*) ¿Y lo pagan a buen precio?

LEONARDO. El justo.

[5] *pegging out* (or *on its last legs*) *with so much sweating.*

MUJER.   Me hace falta un vestido y al niño una gorra con lazos. *bonnet with ribbons*

LEONARDO. (*Levantándose.*)   Voy a verlo.

MUJER.   Ten cuidado, que está dormido.

SUEGRA. (*Saliendo.*)   Pero ¿quién da esas carreras al caballo? *whose been racing the horse?*
Está abajo tendido, con los ojos desorbitados como si llegara
del fin del mundo.

LEONARDO. (*Agrio.*)   Yo.

SUEGRA.   Perdona; tuyo es.

MUJER. (*Tímida.*)   Estuvo con los medidores del trigo.

SUEGRA.   Por mí, que reviente.[6] (*Se sienta. Pausa.*)

MUJER.   El refresco. ¿Está frío?

LEONARDO.   Sí.

MUJER.   ¿Sabes que piden a mi prima?

LEONARDO.   ¿Cuándo?

MUJER.   Mañana. La boda será dentro de un mes. Espero que
vendrán a invitarnos.

LEONARDO. (*Serio.*)   No sé.

SUEGRA.   La madre de él creo que no estaba muy satisfecha con
el casamiento.

LEONARDO.   Y quizá tenga razón. Ella es de cuidado.[7]

MUJER.   No me gusta que penséis mal de una buena muchacha.

SUEGRA.   Pero cuando dice eso es porque la conoce. ¿No ves
que fue tres años novia suya? (*Con intención.*)

---

[6]*It/He can drop dead* (or *go to hell*) *for all I care* (Can refer to
both Leonardo and the horse).

[7]*She needs watching closely.*

LEONARDO.   Pero la dejé. (*A su* MUJER.) ¿Vas a llorar ahora?
¡Quita! (*La aparta bruscamente las manos de la cara.*) Vamos
a ver al niño.

(*Entran abrazados. Aparece la* MUCHACHA, *alegre. Entra
corriendo.*)

MUCHACHA.   Señora.

SUEGRA.   ¿Qué pasa?

MUCHACHA.   Llegó el novio a la tienda y ha comprado todo lo
mejor que había.

SUEGRA.   ¿Vino solo?

MUCHACHA.   No, con su madre. Seria, alta. (*La imita.*) Pero
¡qué lujo!

SUEGRA.   Ellos tienen dinero.

MUCHACHA.   ¡Y compraron unas medias caladas! . . . ¡Ay,
qué medias! ¡El sueño de las mujeres en medias![8] Mire usted:
una golondrina aquí (*Señala el tobillo.*), un barco aquí (*Señala
la pantorrilla.*), y aquí una rosa. (*Señala el muslo.*)

SUEGRA.   ¡Niña!

MUCHACHA.   ¡Una rosa con las semillas y el tallo! ¡Ay! ¡Todo
en seda!

SUEGRA.   Se van a juntar dos buenos capitales.

(*Aparecen* LEONARDO *y su* MUJER.)

MUCHACHA.   Vengo a deciros lo que están comprando.

LEONARDO. (*Fuerte.*)   No nos importa.

MUJER.   Déjala.

---

[8] *And you should just see the fancy stockings they bought* (emphatic
unas). *Oh what stockings! Everything a woman dreams of in stockings.*

SUEGRA.   Leonardo, no es para tanto.[9]

MUCHACHA.   Usted dispense. (*Se va llorando.*)

SUEGRA.   ¿Qué necesidad tienes de ponerte a mal con las gentes?[10]

LEONARDO.   No le he preguntado su opinión. (*Se sienta.*)

SUEGRA.   Está bien. (*Pausa.*)

MUJER. (*A* LEONARDO.)   ¿Qué te pasa? ¿Qué idea te bulle por dentro de la cabeza? No me dejes así, sin saber nada . . .

LEONARDO.   Quita.

MUJER.   No. Quiero que me mires y me lo digas.

LEONARDO.   Déjame. (*Se levanta.*)

MUJER.   ¿Adónde vas, hijo?

LEONARDO. (*Agrio.*)   ¿Te puedes callar?

SUEGRA. (*Enérgica, a su hija.*)   ¡Cállate! (*Sale* LEONARDO.) ¡El niño!

(*Entra y vuelve a salir con él en brazos. La* MUJER *ha permanecido de pie, inmóvil.*)

> Las patas heridas.
> las crines heladas,
> dentro de los ojos
> un puñal de plata.
> Bajaban al río.
> ¡Ay, cómo bajaban!
> La sangre corría
> más fuerte que el agua.

MUJER. (*Volviéndose lentamente y como soñando.*)
> Duérmete, clavel,
> que el caballo se pone a beber.

---

[9] *there's no need for that* (i.e. to get so angry).
[10] *What need have you to rub people up?*

SUEGRA. Duérmete, rosal,
que el caballo se pone a llorar.

MUJER. Nana, niño, nana.

SUEGRA. ¡Ay caballo grande
que no quiso el agua!

MUJER. (*Dramática.*)
¡No vengas, no entres!
¡Vete a la montaña!
¡Ay dolor de nieve,
caballo del alba!

SUEGRA. (*Llorando.*)
Mi niño se duerme . . .

MUJER. (*Llorando y acercándose lentamente.*)
Mi niño descansa . . .

SUEGRA. Duérmete, clavel,
que el caballo no quiere beber.

MUJER. (*Llorando y apoyándose sobre la mesa.*)
Duérmete, rosal,
que el caballo se pone a llorar.

Telón

CUADRO TERCERO[1]

Interior de la cueva donde vive la NOVIA. *Al fondo, una cruz de grandes flores rosa. Las puertas redondas con cortinas de encaje y lazos rosa. Por las paredes de material blanco y duro, abanicos redondos, jarros azules y pequeños espejos.*

CRIADA. Pasen . . . (*Muy afable, llena de hipocresía humilde.*

[1] Introduction, xi.

Entran el NOVIO *y su* MADRE. *La* MADRE *viste de raso
negro y lleva mantilla de encaje. El* NOVIO, *de pana negra
con gran cadena de oro.*) ¿Se quieren sentar? Ahora vienen.
(*Sale.*)

(*Quedan madre e hijo sentados, inmóviles como estatuas.
Pausa larga.*)

MADRE.   ¿Traes el reloj?

NOVIO.   Sí. (*Lo saca y lo mira.*)

MADRE.   Tenemos que volver a tiempo. ¡Qué lejos vive esta
gente!

NOVIO.   Pero estas tierras son buenas.

MADRE.   Buenas; pero demasiado solas. Cuatro horas de camino
y ni una casa ni un árbol.

NOVIO.   Estos son los secanos.

MADRE.   Tu padre los hubiera cubierto de árboles.

NOVIO.   ¿Sin agua?

MADRE.   Ya la hubiera buscado. Los tres años que estuvo casado
conmigo, plantó diez cerezos. (*Haciendo memoria.*) Los tres
nogales del molino, toda una viña y una planta que se llama
Júpiter, que da flores encarnadas, y se secó. (*Pausa.*)

NOVIO. (*Por la* NOVIA.)   Debe estar vistiéndose.

(*Entra el* PADRE *de la novia. Es anciano, con el cabello blanco
reluciente. Lleva la cabeza inclinada. La* MADRE *y el* NOVIO
se levantan y se dan las manos en silencio.)

PADRE.   ¿Mucho tiempo de viaje?

MADRE.   Cuatro horas. (*Se sientan.*)

PADRE.   Habéis venido por el camino más largo.

MADRE.   Yo estoy ya vieja para andar por las terreras del río.

NOVIO.   Se marea. (*Pausa.*)

PADRE.   Buena cosecha de esparto.

NOVIO.   Buena de verdad.

PADRE.   En mi tiempo, ni esparto daba esta tierra. Ha sido
           necesario castigarla y hasta llorarla, para que nos dé algo
           provechoso.

MADRE.   Pero ahora da. No te quejes. Yo no vengo a pedirte
           nada.

PADRE. (*Sonriendo.*)   Tú eres más rica que yo. Las viñas valen un
           capital. Cada pámpano una moneda de plata. Lo que siento es
           que las tierras . . . ¿entiendes? . . . estén separadas. A mí me
           gusta todo junto. Una espina tengo en el corazón, y es la
           huertecilla esa metida entre mis tierras, que no me quieren
           vender por todo el oro del mundo.

NOVIO.   Eso pasa siempre.

PADRE.   Si pudiéramos con veinte pares de bueyes traer tus viñas
           aquí y ponerlas en la ladera. ¡Qué alegría! . . .

MADRE.   ¿Para qué?

PADRE.   Lo mío es de ella y lo tuyo de él. Por eso. Para verlo
           todo junto, ¡que junto es una hermosura!

NOVIO.   Y sería menos trabajo.

MADRE.   Cuando yo me muera, vendéis aquello y compráis aquí
           al lado.

PADRE.   Vender, ¡vender! ¡Bah!; comprar, hija, comprarlo todo.
           Si yo hubiera tenido hijos hubiera comprado todo este monte
           hasta la parte del arroyo. Porque no es buena tierra; pero con
           brazos se la hace buena, y como no pasa gente no te roban los
           frutos y puedes dormir tranquilo. (*Pausa.*)

MADRE.   Tú sabes a lo que vengo.

PADRE.   Sí.

MADRE.   ¿Y qué?

PADRE.   Me parece bien. Ellos lo han hablado.

MADRE.   Mi hijo tiene y puede.

PADRE.   Mi hija también.

MADRE.   Mi hijo es hermoso. No ha conocido mujer. La honra más limpia que una sábana puesta al sol.

PADRE.   Qué te digo de la mía. Hace las migas a las tres, cuando el lucero.[2] No habla nunca; suave como la lana, borda toda clase de bordados y puede cortar una maroma con los dientes.

MADRE.   Dios bendiga su casa.

PADRE.   Que Dios la bendiga.

(*Aparece la* CRIADA *con dos bandejas. Una con copas y la otra con dulces.*)

MADRE. (*Al hijo.*)   ¿Cuándo queréis la boda?

NOVIO.   El jueves próximo.

PADRE.   Día en que ella cumple veintidós años justos.

MADRE.   ¡Veintidós años! Esa edad tendría mi hijo mayor si viviera. Que viviría caliente y macho como era, si los hombres no hubieran inventado las navajas.

PADRE.   En eso no hay que pensar.

MADRE.   Cada minuto. Métete la mano en el pecho.[3]

PADRE.   Entonces el jueves. ¿No es así?

NOVIO.   Así es.

[2] Endnote G.

[3] *Put your hand on your heart* (and think how you'd feel).

PADRE.   Los novios y nosotros iremos en coche hasta la iglesia, que está muy lejos, y el acompañamiento en los carros y en las caballerías que traigan.

MADRE.   Conformes.

(*Pasa la* CRIADA.)

PADRE.   Dile que ya puede entrar. (*A la* MADRE.) Celebraré mucho que te guste.

(*Aparece la* NOVIA. *Trae las manos caídas en actitud modesta y la cabeza baja.*)

MADRE.   Acércate. ¿Estás contenta?

NOVIA.   Sí, señora.

PADRE.   No debes estar seria. Al fin y al cabo ella va a ser tu madre.

NOVIA.   Estoy contenta. Cuando he dado el sí es porque quiero darlo.

MADRE.   Naturalmente. (*Le coge la barbilla.*) Mírame.

PADRE.   Se parece en todo a mi mujer.

MADRE.   ¿Sí? ¡Qué hermoso mirar! ¿Tú sabes lo que es casarse, criatura?

NOVIA. (*Seria.*)   Lo sé.

MADRE.   Un hombre, unos hijos y una pared de dos varas de ancho para todo lo demás.

NOVIO.   ¿Es que hace falta otra cosa?

MADRE.   No. Que vivan todos, ¡eso! ¡Que vivan!

NOVIA.   Yo sabré cumplir.

MADRE.   Aquí tienes unos regalos.

NOVIA.   Gracias.

PADRE.   ¿No tomamos algo?

MADRE.   Yo no quiero. (*Al* NOVIO.) ¿Y tú?

NOVIO.   Tomaré. (*Toma un dulce. La* NOVIA *toma otro.*)

PADRE. (*Al* NOVIO.)   ¿Vino?

MADRE.   No lo prueba.

PADRE.   ¡Mejor! (*Pausa. Todos están de pie.*)

NOVIO. (*A la* NOVIA.)   Mañana vendré.

NOVIA.   ¿A qué hora?

NOVIO.   A las cinco.

NOVIA.   Yo te espero.

NOVIO.   Cuando me voy de tu lado siento un despego grande y así como un nudo en la garganta.

NOVIA.   Cuando seas mi marido ya no lo tendrás.

NOVIO.   Eso digo yo.

MADRE.   Vamos. El sol no espera. (*Al* PADRE.) ¿Conformes en todo?

PADRE.   Conformes.

MADRE. (*A la* CRIADA.)   Adiós, mujer.

CRIADA.   Vayan ustedes con Dios.

(*La* MADRE *besa a la* NOVIA *y van saliendo en silencio.*)

MADRE. (*En la puerta.*)   Adiós, hija.

(*La* NOVIA *contesta con la mano.*)

PADRE.   Yo salgo con vosotros.

(*Salen.*)

CRIADA.   Que reviento por ver los regalos.

NOVIA. (*Agria.*)   Quita.

CRIADA.   ¡Ay, niña, enséñamelos!

NOVIA.   No quiero.

CRIADA.   Siquiera las medias. Dicen que son todas caladas. ¡Mujer!

NOVIA.   ¡Ea, que no!⁴

CRIADA.   Por Dios. Está bien. Parece como si no tuvieras ganas de casarte.

NOVIA. (*Mordiéndose la mano con rabia.*)   ¡Ay!

CRIADA.   Niña, hija, ¿qué te pasa? ¿Sientes dejar tu vida de reina? No pienses en cosas agrias. ¿Tienes motivo? Ninguno. Vamos a ver los regalos. (*Coge la caja.*)

NOVIA. (*Cogiéndola de las muñecas.*)   Suelta.

CRIADA.   ¡Ay, mujer!

NOVIA.   Suelta, he dicho.

CRIADA.   Tienes más fuerza que un hombre.

NOVIA.   ¿No he hecho yo trabajos de hombre? ¡Ojalá fuera!⁵

CRIADA.   ¡No hables así!

NOVIA.   Calla, he dicho. Hablemos de otro asunto.

(*La luz va desapareciendo de la escena. Pausa larga.*)

CRIADA.   ¿Sentiste anoche un caballo?

NOVIA.   ¿A qué hora?

CRIADA.   A las tres.

NOVIA.   Sería un caballo suelto de la manada.

CRIADA.   No. Llevaba jinete.

NOVIA.   ¿Por qué lo sabes?

---

⁴*No you don't* (or *I said no*).

⁵*I wish I were* (a man).

CRIADA.   Porque lo vi. Estuvo parado en tu ventana. Me chocó mucho. *I was shocked.*

NOVIA.   ¿No sería mi novio? Algunas veces ha pasado a esas horas.

CRIADA.   No.

NOVIA.   ¿Tú le viste?

CRIADA.   Sí.

NOVIA.   ¿Quién era?

CRIADA.   Era Leonardo.

NOVIA. (*Fuerte.*)   ¡Mentira! ¡Mentira! ¿A qué viene aquí?[6]

CRIADA.   Vino. *he came*

NOVIA.   ¡Cállate! ¡Maldita sea tu lengua!

(*Se siente el ruido de un caballo.*)

CRIADA. (*En la ventana.*)   Mira, asómate. ¿Era?

NOVIA.   ¡Era!

Telón rápido.

---

[6] *It's a lie, a lie. What should he come here for?*

ACTO SEGUNDO

CUADRO PRIMERO[1]

Zaguán de casa de la NOVIA. *Portón al fondo. Es de noche. La* NOVIA *sale con enaguas blancas encañonadas, llenas de encajes y puntas bordadas, y un corpiño blanco, con los brazos al aire.*[2] *La* CRIADA, *lo mismo.*

CRIADA.   Aquí te acabaré de peinar.

NOVIA.   No se puede estar ahí dentro, del calor.

CRIADA.   En estas tierras no refresca ni al amanecer.

(*Se sienta la* NOVIA *en una silla baja y se mira en un espejito de mano. La* CRIADA *la peina.*)

NOVIA.   Mi madre era de un sitio donde había muchos árboles. De tierra rica.

CRIADA.   ¡Así era ella de alegre![3]

NOVIA.   Pero se consumió aquí.

CRIADA.   El sino.

NOVIA.   Como nos consumimos todas. Echan fuego las paredes. ¡Ay!, no tires demasiado.

---

[1] Introduction, xii.

[2] *with white crimped petticoats full of lacework and embroidered edgings, and a white bodice, with her arms bare.*

[3] *And she was just as rich in her joy.*

CRIADA.   Es para arreglarte mejor esta onda. Quiero que te caiga
sobre la frente. (*La* NOVIA *se mira en el espejo.*) ¡Qué hermosa estás! ¡Ay! (*La besa apasionadamente.*)

NOVIA. (*Seria.*) Sigue peinándome.

CRIADA. (*Peinándola.*)   ¡Dichosa tú que vas a abrazar a un hombre, que lo vas a besar, que vas a sentir su peso!

NOVIA.   Calla.

CRIADA.   Y lo mejor es cuando te despiertes y lo sientas al lado
y que él te roza los hombros con su aliento, como con una
plumilla de ruiseñor.

NOVIA. (*Fuerte.*)   ¿Te quieres callar?

CRIADA.   ¡Pero, niña! ¿Una boda, qué es? Una boda es esto y
nada más. ¿Son los dulces? ¿Son los ramos de flores? No.
Es una cama relumbrante y un hombre y una mujer.

NOVIA.   No se debe decir.

CRIADA.   Eso es otra cosa. ¡Pero es bien alegre!

NOVIA.   O bien amargo. ᵇⁱᵗᵗᵉʳ/ˢᵒᵘʳ

CRIADA.   El azahar te lo voy a poner desde aquí, hasta aquí, de
modo que la corona luzca sobre el peinado. (*Le prueba el ramo
de azahar.*)

NOVIA. (*Se mira en el espejo.*)   Trae. (*Coge el azahar y lo mira
y deja caer la cabeza, abatida.*)

CRIADA.   ¿Qué es esto?

NOVIA.   Déjame.

CRIADA.   No son horas de ponerte triste. (*Animosa.*) Trae el
azahar. (*La* NOVIA *tira el azahar.*) ¡Niña! ¿Qué castigo
pides tirando al suelo la corona? ¡Levanta esa frente! ¿Es que
no te quieres casar? Dilo. Todavía te puedes arrepentir. (*Se
levanta.*)

NOVIA. Son nublos. Un mal aire en el centro,[4] ¿quién no lo tiene?

CRIADA. Tú quieres a tu novio.

NOVIA. Lo quiero.

CRIADA. Sí, sí, estoy segura.

NOVIA. Pero este es un paso muy grande.

CRIADA. Hay que darlo.

NOVIA. Ya me he comprometido. *already committed*

CRIADA. Te voy a poner la corona.

NOVIA. (*Se sienta.*) Date prisa, que ya deben ir llegando.

CRIADA. Ya llevarán lo menos dos horas de camino.

NOVIA. ¿Cuánto hay de aquí a la iglesia?

CRIADA. Cinco leguas por el arroyo, que por el camino hay el doble.

(*La* NOVIA *se levanta y la* CRIADA *se entusiasma al verla.*)

> Despierte la novia
> la mañana de la boda.
> ¡Que los ríos del mundo
> lleven tu corona![5]

NOVIA. (*Sonriente.*) Vamos.

CRIADA. (*La besa entusiasmada y baila alrededor.*)
> Que despierte
> con el ramo verde
> del laurel florido.
> ¡Que despierte
> por el tronco y la rama
> de los laureles!

---

[4] *They are storm clouds. A chill wind in the heart* (or *deep inside*).

[5] On the wedding song, which runs through this scene, see End-note H.

(Se oyen unos aldabonazos.)

NOVIA. ¡Abre! Deben ser los primeros convidados. *(Entra.)*

(La CRIADA *abre sorprendida.)*

CRIADA. ¿Tú?

LEONARDO. Yo. Buenos días.

CRIADA. ¡El primero!

LEONARDO. ¿No me han convidado?

CRIADA. Sí

LEONARDO. Por eso vengo.

CRIADA. ¿Y tu mujer?

LEONARDO. Yo vine a caballo. Ella se acerca por el camino.

CRIADA. ¿No te has encontrado a nadie?

LEONARDO. Los pasé con el caballo.

CRIADA. Vas a matar al animal con tanta carrera.

LEONARDO. ¡Cuando se muera, muerto está!

(Pausa.)

CRIADA. Siéntate. Todavía no se ha levantado nadie.

LEONARDO. ¿Y la novia?

CRIADA. Ahora mismo la voy a vestir.

LEONARDO. ¡La novia! ¡Estará contenta!

CRIADA. *(Variando de conversación.)* ¿Y el niño?

LEONARDO. ¿Cuál?

CRIADA. Tu hijo.

LEONARDO. *(Recordando como soñoliento.)* ¡Ah!

CRIADA. ¿Lo traen?

LEONARDO.   No.

(*Pausa. Voces cantando muy lejos.*)

VOCES.   ¡Despierte la novia
                    la mañana de la boda!

LEONARDO.   Despierte la novia
                    la mañana de la boda.

CRIADA.   Es la gente. Viene lejos todavía.

LEONARDO.   (*Levantándose.*) ¿La novia llevará una corona grande, no? No debía ser tan grande. Un poco más pequeña le sentaría mejor. ¿Y trajo ya el novio el azahar que se tiene que poner en el pecho? *chest*

NOVIA.   (*Apareciendo todavía en enaguas y con la corona de azahar puesta.*)   Lo trajo.

CRIADA. (*Fuerte.*)   No salgas así.

NOVIA.   ¿Qué más da? (*Seria.*) ¿Por qué preguntas si trajeron el azahar? ¿Llevas intención?[6]

LEONARDO.   Ninguna. ¿Qué intención iba a tener? (*Acercándose.*) Tú, que me conoces, sabes que no la llevo. Dímelo. ¿Quién he sido yo para ti? Abre y refresca tu recuerdo. Pero dos bueyes y una mala choza son casi nada. Esa es la espina.

NOVIA.   ¿A qué vienes?

LEONARDO.   A ver tu casamiento.

NOVIA.   ¡También yo vi el tuyo!
you caused my wedding
LEONARDO.   Amarrado por ti, hecho con tus dos manos. A mí me pueden matar, pero no me pueden escupir. Y la plata, que brilla tanto, escupe algunas veces.[7]

---

[6]*Are you insinuating* (or *hinting at*) *something?* (with references to the bridal crown and orange blossom, symbols of bridal purity).

[7]*And silver, that shines so brightly, spits at times* (A suggestion that the Novia, with her greater wealth, has scorned Leonardo for his poverty).

NOVIA.   ¡Mentira!

LEONARDO.   No quiero hablar, porque soy hombre de sangre y no quiero que todos estos cerros oigan mis voces.

NOVIA.   Las mías serían más fuertes.

CRIADA.   Estas palabras no pueden seguir. Tú no tienes que hablar de lo pasado. (*La* CRIADA *mira a las puertas presa de inquietud.*)

NOVIA.   Tiene razón. Yo no debo hablarte siquiera. Pero se me calienta el alma de que vengas a verme y atisbar mi boda y preguntes con intención por el azahar. Vete y espera a tu mujer en la puerta.

LEONARDO.   ¿Es que tú y yo no podemos hablar?

CRIADA. (*Con rabia.*)   No; no podéis hablar.

LEONARDO.   Después de mi casamiento he pensado noche y día de quién era la culpa, y cada vez que pienso sale una culpa nueva que se come a la otra; ¡pero siempre hay culpa!

NOVIA.   Un hombre con su caballo sabe mucho y puede mucho para poder estrujar a una muchacha metida en un desierto. Pero yo tengo orgullo. Por eso me caso. Y me encerraré con mi marido, a quien tengo que querer por encima de todo.

LEONARDO.   El orgullo no te servirá de nada. (*Se acerca.*)

NOVIA.   ¡No te acerques!

LEONARDO.   Callar y quemarse es el castigo más grande que nos podemos echar encima. ¿De qué me sirvió a mí el orgullo y el no mirarte y el dejarte despierta noches y noches? ¡De nada! ¡Sirvió para echarme fuego encima! Porque tú crees que el tiempo cura y que las paredes tapan, y no es verdad, no es verdad. ¡Cuando las cosas llegan a los centros, no hay quien las arranque![8]

[8] *When things strike you deep* (or *are so deeply rooted*) *there's no one can tear them out.*

NOVIA. (*Temblando.*) No puedo oírte. No puedo oír tu voz. Es como si me bebiera una botella de anís y me durmiera en una colcha de rosas. Y me arrastra, y sé que me ahogo, pero voy detrás.

CRIADA. (*Cogiendo a* LEONARDO *por las solapas.*) ¡Debes irte ahora mismo!

LEONARDO. Es la última vez que voy a hablar con ella. No temas nada.

NOVIA. Y sé que estoy loca y sé que tengo el pecho podrido de aguantar, y aquí estoy quieta por oírlo, por verlo menear los brazos.[9]

LEONARDO. No me quedo tranquilo si no te digo estas cosas. Yo me casé. Cásate tú ahora.

CRIADA. (*A* LEONARDO.) ¡Y se casa!

VOCES. (*Cantando más cerca.*)
    Despierte la novia
    la mañana de la boda.

NOVIA. ¡Despierte la novia! (*Sale corriendo a su cuarto.*)

CRIADA. Ya está aquí la gente. (*A* LEONARDO.) No te vuelvas a acercar a ella.

LEONARDO. Descuida. (*Sale por la izquierda. Empieza a clarear el día.*)

MUCHACHA 1.ª (*Entrando.*)
    Despierte la novia
    la mañana de la boda;
    ruede la ronda[10]
    y en cada balcón una corona.

---

[9] *I know I am crazy and I know my breast is rotted away with what it has had to endure. Yet here I am, quietly disposed to hear him, to see him fling his arms about.*

[10] *Let the serenaders go their round.*

VOCES.   ¡Despierte la novia!

CRIADA. (*Moviendo algazara.*)
            Que despierte
            con el ramo verde
            del amor florido.
            ¡Que despierte
            por el tronco y la rama
            de los laureles!

MUCHACHA 2.ª (*Entrando.*)
            Que despierte
            con el largo pelo,
            camisa de nieve,
            botas de charol y plata
            y jazmines en la frente.

CRIADA.   ¡Ay, pastora,
            que la luna asoma!

MUCHACHA 1.ª
            ¡Ay, galán,
            deja tu sombrero por el olivar!

MOZO 1.º (*Entrando con el sombrero en alto.*)
            Despierte la novia,
            que por los campos viene
            rodando la boda,
            con bandejas de dalias
            y panes de gloria.[11]

VOCES.   ¡Despierte la novia!

MUCHACHA 2.ª
            La novia
            se ha puesto su blanca corona,
            y el novio

---

[11] *for over the fields the wedding wends its way, with trays of dahlias and loaves of glory* (Introduction, xli).

se la prende con lazos de oro.

CRIADA.   Por el toronjil
la novia no puede dormir.

MUCHACHA 3.ª (*Entrando.*)
Por el naranjel
el novio le ofrece cuchara y mantel.

(*Entran tres convidados.*)

MOZO 1.º   ¡Despierta, paloma!
El alba despeja
campanas de sombra.

CONVIDADO.
La novia, la blanca novia,
hoy doncella,
mañana señora.

MUCHACHA 1.ª
Baja, morena,
arrastrando tu cola de seda.

CONVIDADO.
Baja, morenita,
que llueve rocío la mañana fría.

MOZO 1.º   Despertad, señora, despertad,
porque viene el aire lloviendo azahar.

CRIADA.   Un árbol quiero bordarle
lleno de cintas granates
y en cada cinta un amor
con vivas alrededor.[12]

VOCES.   Despierte la novia.

MOZO 1.º   ¡La mañana de la boda!

[12] Introduction, xl.

CONVIDADO.

> La mañana de la boda
> qué galana vas a estar;
> pareces, flor de los montes,
> la mujer de un capitán.

PADRE. (*Entrando.*)

> La mujer de un capitán
> se lleva el novio.
>   ¡Ya viene con sus bueyes por el tesoro!

MUCHACHA 3.ª

> El novio
> parece la flor del oro.
> Cuando camina,
> a sus plantas se agrupan las clavelinas.

CRIADA.   ¡Ay mi niña dichosa!

MOZO 2.º   Que despierte la novia.

CRIADA.   ¡Ay mi galana!

MUCHACHA 1.ª

> La boda está llamando
> por las ventanas.

MUCHACHA 2.ª

> Que salga la novia.

MUCHACHA 1.ª

> ¡Que salga, que salga!

CRIADA.   ¡Que toquen y repiquen
                 las campanas!

MOZO 1.º   ¡Que viene aquí! ¡Que sale ya!

CRIADA.   ¡Como un toro, la boda
                 levantándose está!

(*Aparece la* NOVIA. *Lleva un traje negro mil novecientos, con caderas y larga cola rodeada de gasas plisadas y encajes duros.*

Sobre el peinado de visera[13] *lleva la corona de azahar. Suenan
las guitarras. Las muchachas besan a la* NOVIA.)

MUCHACHA 3.ª   ¿Qué esencia te echaste en el pelo?

NOVIA. (*Riendo.*)   Ninguna.

MUCHACHA 2.ª (*Mirando el traje.*)   La tela es de lo que no hay.

MOZO 1.º   ¡Aquí está el novio!

NOVIO.   ¡Salud!

MUCHACHA 1.ª (*Poniéndole una flor en la oreja.*)
                    El novio
                    parece la flor del oro.

MUCHACHA 2.ª   ¡Aires de sosiego
                    le manan los ojos![14]

(*El* NOVIO *se dirige al lado de la* NOVIA.)

NOVIA.   ¿Por qué te pusiste esos zapatos?

NOVIO.   Son más alegres que los negros.

MUJER DE LEONARDO. (*Entrando y besando a la* NOVIA.)
    ¡Salud!

(*Hablan todas con algazara.*)

LEONARDO. (*Entrando como quien cumple un deber.*)
                    La mañana de casada
                    la corona te ponemos.

MUJER.   ¡Para que el campo se alegre
                    con el agua de tu pelo!

MADRE. (*Al* PADRE.) ¿También están ésos aquí?

PADRE.   Son familia. ¡Hoy es día de perdones!

---

[13] *On her hair, which falls across her forehead.*
[14] *His eyes brim with tranquil joys.*

bear it

MADRE.   Me aguanto, pero no perdono.

NOVIO.   ¡Con la corona da alegría mirarte!

NOVIA.   ¡Vámonos pronto a la iglesia!

NOVIO.   ¿Tienes prisa?

quickly to avoid him finding out about Leonardo

NOVIA.   Sí. Estoy deseando ser tu mujer y quedarme sola contigo,
y no oír más voz que la tuya.

NOVIO.   ¡Eso quiero yo!

NOVIA.   Y no ver más que tus ojos. Y que me abrazaras tan fuerte,
que aunque me llamara mi madre, que está muerta, no me
pudiera despegar de ti.

NOVIO.   Yo tengo fuerza en los brazos. Te voy a abrazar cuarenta
años seguidos.

NOVIA. (*Dramática, cogiéndole del brazo.*)   ¡Siempre!

PADRE.   ¡Vamos pronto! ¡A coger las caballerías y los carros!
Que ya ha salido el sol.

MADRE.   ¡Que llevéis cuidado! No sea que tengamos mala hora.[15]

(*Se abre el gran portón del fondo. Empiezan a salir.*)

CRIADA. (*Llorando.*)

Al salir de tu casa,
blanca doncella, *maiden*
acuérdate que sales
como una estrella. . .

MUCHACHA 1.ª   Limpia de cuerpo y ropa
al salir de tu casa para la boda.

(*Van saliendo.*)

MUCHACHA 2.ª   ¡Ya sales de tu casa
para la iglesia!

[15] *Take care. Let's have no misfortune* (lit. *evil hour*).

CRIADA. ¡El aire pone flores
por las arenas!

MUCHACHA 3.ª ¡Ay la blanca niña!

CRIADA. Aire oscuro el encaje
de su mantilla.

(*Salen. Se oyen guitarras, palillos y panderetas. Quedan solos*
LEONARDO *y su* MUJER.)

MUJER. Vamos.

LEONARDO. ¿Adónde?

MUJER. A la iglesia. Pero no vas en el caballo. Vienes conmigo.

LEONARDO. ¿En el carro?

MUJER. ¿Hay otra cosa?

LEONARDO. Yo no soy hombre para ir en carro.

MUJER. Y yo no soy mujer para ir sin su marido en un casamiento.
¡Que no puedo más![16]

LEONARDO. ¡Ni yo tampoco!

MUJER. ¿Por qué me miras así? Tienes una espina en cada ojo.

LEONARDO. ¡Vamos!

MUJER. No sé lo que pasa. Pero pienso y no quiero pensar. Una
cosa sé. Yo ya estoy despachada. Pero tengo un hijo. Y otro
que viene. Vamos andando.[17] El mismo sino tuvo mi madre.
Pero de aquí no me muevo. (*Voces fuera.*)

VOCES. ¡Al salir de tu casa
para la iglesia,
acuérdate que sales
como una estrella!

[16] *I can't take* (or *stand*) *any more* (*of it*).
[17] *That's how it goes.*

MUJER. (*Llorando.*)   ¡Acuérdate que sales
                        como una estrella!

Así salí yo de mi casa también. Que me cabía todo el campo
en la boca.[18]

LEONARDO. (*Levantándose.*)   Vamos.

MUJER.   ¡Pero conmigo!

LEONARDO.   Sí. (*Pausa.*) ¡Echa a andar! (*Salen.*)

VOCES.   Al salir de tu casa
                    para la iglesia,
                    acuérdate que sales
                    como una estrella.

Telón lento

CUADRO SEGUNDO[1]

Exterior de la cueva de la NOVIA. *Entonación en blancos
grises y azules fríos. Grandes chumberas. Tonos sombríos
y plateados. Panoramas de mesetas color barquillo, todo
endurecido como paisaje de cerámica popular.*

CRIADA. (*Arreglando en una mesa copas y bandejas.*)
                    Giraba,
                    giraba la rueda
                    y el agua pasaba;
                    porque llega la boda,
                    que se aparten las ramas
                    y la luna se adorne
                    por su blanca baranda.[2]

---

[18] *The whole world was mine* (lit. *could fit into my mouth*).

[1] Introduction, xii.

[2] On the Criada's song, see Endnote I.

(*En voz alta.*)   ¡Pon los manteles!

(*En voz poética.*)   Cantaban,
                     cantaban los novios
                     y el agua pasaba;
                     porque llega la boda,
                     que relumbre la escarcha
                     y se llenen de miel
                     las almendras amargas.

(*En voz alta.*)   ¡Prepara el vino!

(*En voz poética.*)   Galana.
                     Galana de la tierra,
                     mira cómo el agua pasa.
                     Porque llega tu boda,
                     recógete las faldas
                     y bajo el ala del novio
                     nunca salgas de tu casa.
                     Porque el novio es un palomo
                     con todo el pecho de brasa
                     y espera el campo el rumor
                     de la sangre derramada.
                     Giraba,
                     giraba la rueda
                     y el agua pasaba.
                     ¡Porque llega tu boda,
                     deja que relumbre el agua!

MADRE. (*Entrando.*)   ¡Por fin!

PADRE.   ¿Somos los primeros?

CRIADA.   No. Hace rato llegó Leonardo con su mujer. Corrieron
     como demonios. La mujer llegó muerta de miedo. Hicieron
     el camino como si hubieran venido a caballo.

PADRE.   Ese busca la desgracia. No tiene buena sangre.

MADRE.   ¿Qué sangre va a tener? La de toda su familia. Mana de su bisabuelo, que empezó matando, y sigue en toda la mala ralea, manejadores de cuchillos y gente de falsa sonrisa.

PADRE.   ¡Vamos a dejarlo!

CRIADA.   ¿Cómo lo va a dejar?

MADRE.   Me duele hasta la punta de las venas. En la frente de todos ellos yo no veo más que la mano con que mataron a lo que era mío. ¿Tú me ves a mí? ¿No te parezco loca? Pues es loca de no haber gritado todo lo que mi pecho necesita. Tengo en mi pecho un grito siempre puesto de pie a quien tengo que castigar y meter entre los mantos. Pero me llevan a los muertos y hay que callar. Luego la gente critica. (*Se quita el manto.*)

PADRE.   Hoy no es día de que te acuerdes de esas cosas.

MADRE.   Cuando sale la conversación, tengo que hablar. Y hoy más. Porque hoy me quedo sola en mi casa.

PADRE.   En espera de estar acompañada.

MADRE.   Esa es mi ilusión: los nietos. (*Se sientan.*)

PADRE.   Yo quiero que tengan muchos. Esta tierra necesita brazos que no sean pagados. Hay que sostener una batalla con las malas hierbas, con los cardos, con los pedruscos que salen no se sabe dónde. Y estos brazos tienen que ser de los dueños, que castiguen y que dominen, que hagan brotar las simientes. Se necesitan muchos hijos.

MADRE.   ¡Y alguna hija! ¡Los varones son del viento! Tienen por fuerza que manejar armas. Las niñas no salen jamás a la calle.

PADRE. (*Alegre.*)   Yo creo que tendrán de todo.

MADRE.   Mi hijo la cubrirá bien. Es de buena simiente. Su padre pudo haber tenido conmigo muchos hijos.

PADRE.   Lo que yo quisiera es que esto fuera cosa de un día. Que en seguida tuvieran dos o tres hombres.

MADRE.   Pero no es así. Se tarda mucho. Por eso es tan terrible ver la sangre de una derramada por el suelo.[3] Una fuente que corre un minuto y a nosotros nos ha costado años. Cuando yo llegué a ver a mi hijo, estaba tumbado en mitad de la calle. Me mojé las manos de sangre y me las lamí con la lengua. Porque era mía. Tú no sabes lo que es eso. En una custodia de cristal y topacios pondría yo la tierra empapada por ella.

PADRE.   Ahora tienes que esperar. Mi hija es ancha y tu hijo es fuerte.

MADRE.   Así espero. (*Se levantan.*)

PADRE.   Prepara las bandejas de trigo.

CRIADA.   Están preparadas.

MUJER DE LEONARDO. (*Entrando.*)   ¡Que sea para bien![4]

MADRE.   Gracias.

LEONARDO.   ¿Va a haber fiesta?

PADRE.   Poca. La gente no puede entretenerse.

CRIADA.   ¡Ya están aquí!

(*Van entrando invitados en alegres grupos. Entran los novios cogidos del brazo. Sale* LEONARDO.)

NOVIO.   En ninguna boda se vio tanta gente.

NOVIA. (*Sombría.*)   En ninguna.

PADRE.   Fue lucida.

MADRE.   Ramas enteras de familias han venido.

NOVIO.   Gente que no salía de su casa.

MADRE.   Tu padre sembró mucho y ahora lo recoges tú.

[3] *That's why it's so terrible to see one's blood spilt over the ground.*

[4] *Blessings on the wedding* (or *Good luck to them for the future*). A traditional wedding greeting.

NOVIO.   Hubo primos míos que yo ya no conocía.

MADRE.   Toda la gente de la costa.

NOVIO. (*Alegre.*)   Se espantaban de los caballos. (*Hablan.*)

MADRE. (*A la* NOVIA.)   ¿Qué piensas?

NOVIA.   No pienso en nada.

MADRE.   Las bendiciones pesan mucho. (*Se oyen guitarras.*)

NOVIA.   Como plomo.

MADRE. (*Fuerte.*)   Pero no han de pesar. Ligera como paloma debes ser.

NOVIA.   ¿Se queda usted aquí esta noche?

MADRE.   No. Mi casa está sola.

NOVIA.   ¡Debía usted quedarse!

PADRE. (*A la* MADRE.)   Mira el baile que tienen formado. Bailes de allá de la orilla del mar.
(*Sale* LEONARDO *y se sienta. Su* MUJER *detrás de él en actitud rígida.*)

MADRE.   Son los primos de mi marido. Duros como piedras para la danza.

PADRE.   Me alegra el verlos. ¡Qué cambio para esta casa! (*Se va.*)

NOVIO. (*A la* NOVIA.)   ¿Te gustó el azahar?

NOVIA. (*Mirándole fija.*)   Sí.

NOVIO.   Es todo de cera. Dura siempre. Me hubiera gustado que llevaras en todo el vestido.

NOVIA.   No hace falta. (*Mutis* LEONARDO *por la derecha.*)

MUCHACHA 1.ª   Vamos a quitarle los alfileres.

NOVIA. (*Al* NOVIO.)   Ahora vuelvo.

MUJER.   ¡Que seas feliz con mi prima!

NOVIO.   Tengo seguridad.

MUJER.   Aquí los dos; sin salir nunca y a levantar la casa. ¡Ojalá yo viviera también así de lejos![5]

NOVIO.   ¿Por qué no compráis tierras? El monte es barato y los hijos se crían mejor.

MUJER.   No tenemos dinero. ¡Y con el camino que llevamos![6]

NOVIO.   Tu marido es un buen trabajador.

MUJER.   Sí, pero le gusta volar demasiado. Ir de una cosa a otra. No es hombre tranquilo.

CRIADA.   ¿No tomáis nada? Te voy a envolver unos roscos de vino para tu madre, que a ella le gustan mucho.

NOVIO.   Ponle tres docenas.

MUJER.   No, no. Con media tiene bastante.

NOVIO.   Un día es un día.[7]

MUJER. (*A la* CRIADA.)   ¿Y Leonardo?

CRIADA.   No lo vi.

NOVIO.   Debe estar con la gente.

MUJER.   ¡Voy a ver! (*Se va.*)

CRIADA.   Aquello está hermoso.

NOVIO.   ¿Y tú no bailas?

---

[5]*and on with setting up your house. I wish I lived as far away as this.*

[6]*And what with the way we're going . . .!*

[7]*It's a special day* (or *occasion*).

CRIADA.   No hay quien me saque.[8]

(*Pasan al fondo dos muchachas; durante todo este acto el fondo será un animado cruce de figuras.*)

NOVIO. (*Alegre.*)   Eso se llama no entender.[9] Las viejas frescas como tú bailan mejor que las jóvenes.

CRIADA.   Pero ¿vas a echarme requiebros, niño? ¡Qué familia la tuya! ¡Machos entre los machos! Siendo niña vi la boda de tu abuelo. ¡Qué figura! Parecía como si se casara un monte.

NOVIO.   Yo tengo menos estatura.

CRIADA.   Pero el mismo brillo en los ojos. ¿Y la niña?

NOVIO.   Quitándose la toca.

CRIADA.   ¡Ah! Mira. Para la medianoche, como no dormiréis, os he preparado jamón y unas copas grandes de vino antiguo. En la parte baja de la alacena. Por si lo necesitáis.

NOVIO. (*Sonriente.*)   No como a medianoche.

CRIADA. (*Con malicia.*)   Si tú no, la novia. (*Se va.*)

MOZO 1.º (*Entrando.*)   ¡Tienes que beber con nosotros!

NOVIO.   Estoy esperando a la novia.

MOZO 2.º   ¡Ya la tendrás en la madrugada! You'll have her tonight!

MOZO 1.º   ¡Que es cuando más gusta!

MOZO 2.º   Un momento.

NOVIO.   Vamos.

(*Salen. Se oye gran algazara. Sale la* NOVIA. *Por el lado opuesto salen dos muchachas corriendo a encontrarla.*)

MUCHACHA 1.ª   ¿A quién diste el primer alfiler, a mí o a ésta?

---

[8] *There's no one to ask me.*

[9] *It means they don't know anything about it.*

NOVIA.   No me acuerdo.

MUCHACHA 1.ª   A mí me lo diste aquí.

MUCHACHA 2.ª   A mí delante del altar.

NOVIA. (*Inquieta y con una gran lucha interior.*)   No sé nada.

MUCHACHA 1.ª   Es que yo quisiera que tú . . .

NOVIA. (*Interrumpiendo.*)   Ni me importa. Tengo mucho que pensar.

MUCHACHA 2.ª   Perdona.

(LEONARDO *cruza el fondo.*)

NOVIA. (*Ve a* LEONARDO.)   Y estos momentos son agitados.

MUCHACHA 1.ª   ¡Nosotras no sabemos nada!

NOVIA.   Ya lo sabréis cuando os llegue la hora. Estos pasos son pasos que cuestan mucho.

MUCHACHA 1.ª   ¿Te ha disgustado?

NOVIA.   No. Perdonad vosotras.

MUCHACHA 2.ª   ¿De qué? Pero los dos alfileres sirven para casarse, ¿verdad?

NOVIA.   Los dos.

MUCHACHA 1.ª   Ahora, que una se casa antes que otra.

NOVIA.   ¿Tantas ganas tenéis?

MUCHACHA 2.ª (*Vergonzosa.*)   Sí.

NOVIA.   ¿Para qué?

MUCHACHA 1.ª   Pues . . . (*Abrazando a la segunda.*)

(*Echan a correr las dos. Llega el* NOVIO *y, muy despacio, abraza a la* NOVIA *por detrás.*)

NOVIA. (*Con gran sobresalto.*)   ¡Quita!

NOVIO. ¿Te asustas de mí?

NOVIA. ¡Ay! ¿Eras tú?

NOVIO. ¿Quién iba a ser? (*Pausa.*) Tu padre o yo.

NOVIA. ¡Es verdad!

NOVIO. Ahora que tu padre te hubiera abrazado más blando.

NOVIA. (*Sombría.*) ¡Claro!

NOVIO. Porque es viejo. (*La abraza fuertemente de modo un poco brusco.*)

NOVIA. (*Seca.*) ¡Déjame!

NOVIO. ¿Por qué? (*La deja.*)

NOVIA. Pues ... la gente. Pueden vernos. (*Vuelve a cruzar el fondo la* CRIADA, *que no mira a los novios.*)

NOVIO. ¿Y qué? Ya es sagrado.

NOVIA. Sí, pero déjame ... Luego.

NOVIO. ¿Qué tienes? ¡Estás como asustada![10]

NOVIA. No tengo nada. No te vayas.

(*Sale la* MUJER *de Leonardo.*)

MUJER. No quiero interrumpir ...

NOVIO. Dime.

MUJER. ¿Pasó por aquí mi marido?

NOVIO. No.

MUJER. Es que no lo encuentro, y el caballo no está tampoco en el establo.

NOVIO. (*Alegre.*) Debe estar dándole una carrera.

(*Se va la* MUJER, *inquieta. Sale la* CRIADA.)

[10] *What's wrong with you? It's as though you're frightened.*

CRIADA.   ¿No andáis satisfechos de tanto saludo?

NOVIO.   Ya estoy deseando que esto acabe. La novia está un poco
cansada.

CRIADA.   ¿Qué es eso, niña?

NOVIA.   ¡Tengo como un golpe en las sienes!

CRIADA.   Una novia de estos montes debe ser fuerte. (*Al* NOVIO.)
Tú eres el único que la puedes curar, porque tuya es. (*Sale
corriendo.*)

NOVIO. (*Abrazándola.*)   Vamos un rato al baile. (*La besa.*)

NOVIA. (*Angustiada.*)   No. Quisiera echarme en la cama un poco.

NOVIO.   Yo te haré compañía.

NOVIA.   ¡Nunca! ¿Con toda la gente aquí? ¿Qué dirían? Déjame
sosegar un momento.

NOVIO.   ¡Lo que quieras! ¡Pero no estés así por la noche!

NOVIA. (*En la puerta.*)   A la noche estaré mejor.

NOVIO.   ¡Que es lo que yo quiero!

(*Aparece la* MADRE.)

MADRE.   Hijo.

NOVIO.   ¿Dónde anda usted?

MADRE.   En todo ese ruido. ¿Estás contento?

NOVIO.   Sí.

MADRE.   ¿Y tu mujer?

NOVIO.   Descansa un poco. ¡Mal día para las novias!

MADRE.   ¿Mal día? El único bueno. Para mí fue como una herencia.
(*Entra la* CRIADA *y se dirige al cuarto de la* NOVIA.) Es la
roturación de las tierras, la plantación de árboles nuevos.

NOVIO.   ¿Usted se va a ir?

MADRE.   Sí. Yo tengo que estar en mi casa.

NOVIO.   Sola.

MADRE.   Sola no. Que tengo la cabeza llena de cosas y de hombres y de luchas.

NOVIO.   Pero luchas que ya no son luchas.

(*Sale la* CRIADA *rápidamente; desaparece corriendo por el fondo.*)

MADRE.   Mientras una vive, lucha.

NOVIO.   ¡Siempre la obedezco!

MADRE.   Con tu mujer procura estar cariñoso, y si la notas infatuada o arisca, hazle una caricia que le produzca un poco de daño, un abrazo fuerte, un mordisco y luego un beso suave. Que ella no pueda disgustarse, pero que sienta que tú eres el macho, el amo, el que mandas. Así aprendí de tu padre. Y como no lo tienes, tengo que ser yo la que te enseñe estas fortalezas.

NOVIO.   Yo siempre haré lo que usted mande.

PADRE. (*Entrando.*)   ¿Y mi hija?

NOVIO.   Está dentro.

MUCHACHA 1.ª   ¡Vengan los novios, que vamos a bailar la rueda!

MOZO 1.º (*Al* NOVIO.)   Tú la vas a dirigir.

PADRE. (*Saliendo.*)   ¡Aquí no está!

NOVIO.   ¿No?

PADRE.   Debe haber subido a la baranda.

NOVIO.   ¡Voy a ver! (*Entra.*)

(*Se oye algazara y guitarras.*)

MUCHACHA 1.ª ¡Ya han empezado! (*Sale.*)

NOVIO. (*Saliendo.*)   No está.

MADRE. (*Inquieta.*)   ¿No?

PADRE.   ¿Y adónde puede haber ido?

CRIADA. (*Entrando.*)   Y la niña, ¿dónde está?

MADRE. (*Seria.*)   No lo sabemos.

(*Sale el* NOVIO. *Entran tres invitados.*)

PADRE. (*Dramático.*)   Pero ¿no está en el baile?

CRIADA.   En el baile no está.

PADRE. (*Con arranque.*)   Hay mucha gente. ¡Mirad!

CRIADA.   ¡Ya he mirado!

PADRE. (*Trágico.*)   ¿Pues dónde está?

NOVIO. (*Entrando.*)   Nada. En ningún sitio.

MADRE. (*Al* PADRE.)   ¿Qué es esto? ¿Dónde está tu hija?

(*Entra la* MUJER *de Leonardo.*)

MUJER.   ¡Han huido! ¡Han huido! Ella y Leonardo. En el caballo.
¡Iban abrazados, como una exhalación!

PADRE.   ¡No es verdad! ¡Mi hija, no!

MADRE.   ¡Tu hija, sí! Planta de mala madre, y él, él también, él.
¡Pero ya es la mujer de mi hijo!

NOVIO. (*Entrando.*)   ¡Vamos detrás! ¿Quién tiene un caballo?

MADRE.   ¿Quién tiene un caballo ahora mismo, quién tiene un
caballo? Que le daré todo lo que tengo, mis ojos y hasta mi
lengua . . .

VOZ.   Aquí hay uno.

MADRE. (*Al hijo.*)   ¡Anda! ¡Detrás! (*Sale con dos mozos.*) No.
No vayas. Esa gente mata pronto y bien . . .; ¡pero sí, corre,
y yo detrás!

PADRE.   No será ella. Quizá se haya tirado al aljibe.

MADRE.   Al agua se tiran las honradas, las limpias; ¡ésa, no! Pero
ya es mujer de mi hijo. Dos bandos. Aquí hay ya dos bandos.
(*Entran todos.*) Mi familia y la tuya. Salid todos de aquí.
Limpiarse el polvo de los zapatos. Vamos a ayudar a mi hijo.
(*La gente se separa en dos grupos.*) Porque tiene gente; que
son sus primos del mar y todos los que llegan de tierra adentro.
¡Fuera de aquí! Por todos los caminos. Ha llegado otra vez
la hora de la sangre. Dos bandos. Tú con el tuyo y yo con
el mío. ¡Atrás! ¡Atrás!

Telón

ACTO TERCERO

CUADRO PRIMERO[1]

Bosque. Es de noche. Grandes troncos húmedos. Ambiente oscuro.
Se oyen dos violines.

(Salen tres leñadores.)

LEÑADOR 1.º   ¿Y los han encontrado?

LEÑADOR 2.º   No. Pero los buscan por todas partes.

LEÑADOR 3.º   Ya darán con ellos.

LEÑADOR 2.º   ¡Chissss!

LEÑADOR 3.º   ¿Qué?

LEÑADOR 2.º   Parece que se acercan por todos los caminos a la vez.

LEÑADOR 1.º   Cuando salga la luna los verán.

LEÑADOR 2.º   Debían dejarlos.

LEÑADOR 1.º   El mundo es grande. Todos pueden vivir en él.

LEÑADOR 3.º   Pero los matarán.

LEÑADOR 2.º   Hay que seguir la inclinación; han hecho bien en huir.

LEÑADOR 1.º   Se estaban engañando uno a otro y al fin la sangre pudo más.

[1] Introduction, xiii.

52

LEÑADOR 3.º   ¡La sangre!

LEÑADOR 1.º   Hay que seguir el camino de la sangre.

LEÑADOR 2.º   Pero sangre que ve la luz se la bebe la tierra.

LEÑADOR 1.º   ¿Y qué? Vale más ser muerto desangrado que vivo con ella podrida.[2]

LEÑADOR 3.º   Callar.

LEÑADOR 1.º   ¿Qué? ¿Oyes algo?

LEÑADOR 3.º   Oigo los grillos, las ranas, el acecho de la noche.

LEÑADOR 1.º   Pero el caballo no se siente.

LEÑADOR 3.º   No.

LEÑADOR 1.º   Ahora la estará queriendo.

LEÑADOR 2.º   El cuerpo de ella era para él y el cuerpo de él para ella.

LEÑADOR 3.º   Los buscan y los matarán.

LEÑADOR 1.º   Pero ya habrán mezclado sus sangres y serán como dos cántaros vacíos, como dos arroyos secos.

LEÑADOR 2.º   Hay muchas nubes y será fácil que la luna no salga.

LEÑADOR 3.º   El novio los encontrará con luna o sin luna. Yo lo vi salir. Como una estrella furiosa. La cara color ceniza. Expresaba el sino de su casta.

LEÑADOR 1.º   Su casta de muertos en mitad de la calle.

LEÑADOR 2.º   ¡Eso es!

LEÑADOR 3.º   ¿Crees que ellos lograrán romper el cerco?

LEÑADOR 2.º   Es difícil. Hay cuchillos y escopetas a diez leguas a la redonda.

---

[2] *It is better to be dead with one's blood drained away than alive with it rotted* (or *putrid*). See Introduction, xxxv–xxxvi.

LEÑADOR 3.º   El lleva buen caballo.

LEÑADOR 2.º   Pero lleva una mujer.

LEÑADOR 1.º   Ya estamos cerca.

LEÑADOR 2.º   Un árbol de cuarenta ramas. Lo cortaremos pronto.

LEÑADOR 3.º   Ahora sale la luna. Vamos a darnos prisa.

      (*Por la izquierda surge una claridad.*)

LEÑADOR 1.º   ¡Ay luna que sales!
               Luna de las hojas grandes.

LEÑADOR 2.º   ¡Llena de jazmines la sangre!

LEÑADOR 1.º   ¡Ay luna sola!
               ¡Luna de las verdes hojas!

LEÑADOR 2.º   Plata en la cara de la novia.

LEÑADOR 3.º   ¡Ay luna mala!
               Deja para el amor la oscura rama.

LEÑADOR 1.º   ¡Ay triste luna!
               ¡Deja para el amor la rama oscura!

     (*Salen. Por la claridad de la izquierda aparece la* LUNA. *La* LUNA *es un leñador joven con la cara blanca. La escena adquiere un vivo resplandor azul.*)

LUNA.   Cisne redondo en el río,
               ojo de las catedrales,
               alba fingida en las hojas
               soy; ¡no podrán escaparse![3]
               ¿Quién se oculta? ¿Quién solloza
               por la maleza del valle?
               La luna deja un cuchillo
               abandonado en el aire,
               que siendo acecho de plomo
               quiere ser dolor de sangre.

[3] On the monologues of the Moon and Beggar Death see Endnote J.

¡Dejadme entrar! ¡Vengo helada
por paredes y cristales!
¡Abrir tejados y pechos
donde pueda calentarme!
¡Tengo frío! Mis cenizas
de soñolientos metales
buscan la cresta del fuego
por los montes y las calles.
Pero me lleva la nieve
sobre su espalda de jaspe,
y me anega, dura y fría,
el agua de los estanques.
Pues esta noche tendrán
mis mejillas roja sangre,
y los juncos agrupados
en los anchos pies del aire.[4]
¡No haya sombra ni emboscada,
que no puedan escaparse!
¡Que quiero entrar en un pecho
para poder calentarme!
¡Un corazón para mí!
¡Caliente!, que se derrame
por los montes de mi pecho;
dejadme entrar, ¡ay, dejadme!

(*A las ramas.*)

No quiero sombras. Mis rayos
han de entrar en todas partes,
y haya en los troncos oscuros
un rumor de claridades,
para que esta noche tengan
mis mejillas dulce sangre,
y los juncos agrupados
en los anchos pies del aire.

---

[4] *the reeds, too* [*will have blood*], *clustered around the broad feet of the air* (or *breeze*.)

¿Quién se oculta? ¡Afuera digo!
¡No! ¡No podrán escaparse!
Yo haré lucir al caballo
una fiebre de diamante.

(*Desaparece entre los troncos, y vuelve la escena a su luz
oscura. Sale una anciana totalmente cubierta por tenues paños
verdeoscuro. Lleva los pies descalzos. Apenas si se le verá el
rostro entre los pliegues. Este personaje no figura en el reparto.*)

MENDIGA.   Esa luna se va, y ellos se acercan.
              De aquí no pasan. El rumor del río
              apagará con el rumor de troncos
              el desgarrado vuelo de los gritos.
              Aquí ha de ser, y pronto. Estoy cansada.
              Abren los cofres, y los blancos hilos
              aguardan por el suelo de la alcoba
              cuerpos pesados con el cuello herido.
              No se despierte un pájaro, y la brisa,
              recogiendo en su falda los gemidos,
              huya con ellos por las negras copas
              o los entierre por el blando limo.
              (*Impaciente.*)

              ¡Esa luna, esa luna!

(*Aparece la* LUNA. *Vuelve la luz azul intensa.*)

LUNA.   Ya se acercan.
              Unos por la cañada y el otro por el río.
              Voy a alumbrar las piedras. ¿Qué necesitas?

MENDIGA.   Nada.

LUNA.
              El aire va llegando duro, con doble filo.

MENDIGA.
              Ilumina el chaleco y aparta los botones,
              que después las navajas ya saben el camino.

LUNA.

Pero que tarden mucho en morir. Que la sangre
me ponga entre los dedos su delicado silbo.
¡Mira que ya mis valles de ceniza despiertan
en ansia de esta fuente de chorro estremecido!

MENDIGA.

No dejemos que pasen el arroyo. ¡Silencio!

LUNA.

¡Allí vienen! (*Se va. Queda la escena oscura.*)

MENDIGA. De prisa. ¡Mucha luz! ¿Me has oído?

¡No pueden escaparse!

(*Entran el* NOVIO *y* MOZO 1.º *La* MENDIGA *se sienta y se
tapa con el manto.*)

NOVIO. Por aquí.

MOZO 1.º No los encontrarás.

NOVIO. (*Enérgico.*) ¡Sí los encontraré!

MOZO 1.º Creo que se han ido por otra vereda.

NOVIO. No. Yo sentí hace un momento el galope.

MOZO 1.º Sería otro caballo.

NOVIO. (*Dramático.*) Oye. No hay más que un caballo en el
mundo, y es éste. ¿Te has enterado? Si me sigues, sígueme
sin hablar.

MOZO 1.º Es que quisiera . . .

NOVIO. Calla. Estoy seguro de encontrármelos aquí. ¿Ves este
brazo? Pues no es mi brazo. Es el brazo de mi hermano y el
de mi padre y el de toda mi familia que está muerta. Y tiene
tanto poderío, que puede arrancar este árbol de raíz si quiere.
Y vamos pronto, que siento los dientes de todos los míos
clavados aquí de una manera que se me hace imposible respirar tranquilo.

MENDIGA. (*Quejándose.*) ¡Ay!

MOZO 1.º ¿Has oído?

NOVIO. Vete por ahí y da la vuelta.[5]

MOZO 1.º Esto es una caza.

NOVIO. Una caza. La más grande que se puede hacer.

(*Se va el* MOZO. *El* NOVIO *se dirige rápidamente hacia la izquierda y tropieza con la* MENDIGA. *La Muerte.*)

MENDIGA. ¡Ay!

NOVIO. ¿Qué quieres?

MENDIGA. Tengo frío.

NOVIO. ¿Adónde te diriges?

MENDIGA. (*Siempre quejándose como una mendiga.*) Allá lejos...

NOVIO. ¿De dónde vienes?

MENDIGA. De allí..., de muy lejos.

NOVIO. ¿Viste un hombre y una mujer que corrían montados en un caballo?

MENDIGA. (*Despertándose.*) Espera... (*Lo mira.*) Hermoso galán. (*Se levanta.*) Pero mucho más hermoso si estuviera dormido.

NOVIO. Dime, contesta, ¿los viste?

MENDIGA. Espera... ¡Qué espaldas más anchas! ¿Cómo no te gusta estar tendido sobre ellas y no andar sobre las plantas de los pies que son tan chicas?

NOVIO. (*Zamarreándola.*) ¡Te digo si los viste! ¿Han pasado por aquí?

---

[5] *Go that way and work your way round.*

MENDIGA. (*Enérgica.*)   No han pasado; pero están saliendo de la colina. ¿No los oyes?

NOVIO.   No.

MENDIGA.   ¿Tú no conoces el camino?

NOVIO.   ¡Iré sea como sea![6]

MENDIGA.   Te acompañaré. Conozco esta tierra.

NOVIO. (*Impaciente.*)   ¡Pero vamos! ¿Por dónde?

MENDIGA. (*Dramática.*)   ¡Por allí!

(*Salen rápidos. Se oyen lejanos dos violines que expresan el bosque. Vuelven los leñadores. Llevan las hachas al hombro. Pasan lentos entre los troncos.*)

LEÑADOR 1.º ¡Ay muerte que sales![7]
          Muerte de las hojas grandes.

LEÑADOR 2.º ¡No abras el chorro de la sangre!

LEÑADOR 1.º ¡Ay muerte sola!
          Muerte de las secas hojas.

LEÑADOR 3.º ¡No cubras de flores la boda!

LEÑADOR 2.º ¡Ay triste muerte!
          Deja para el amor la rama verde.

LEÑADOR 1.º ¡Ay muerte mala!
          ¡Deja para el amor la verde rama!

(*Van saliendo mientras hablan. Aparecen* LEONARDO *y la* NOVIA.)

LEONARDO.   ¡Calla![8]

[6] *I'll get there by whatever means.*

[7] Endnote K.

[8] Endnote L.

NOVIA.　　　　Desde aquí yo me iré sola.
　　　　　　¡Vete! Quiero que te vuelvas.

LEONARDO.　¡Calla, digo!

NOVIA　　　　　　　Con los dientes,
　　　　　　con las manos, como puedas,
　　　　　　quita de mi cuello honrado
　　　　　　el metal de esta cadena,
　　　　　　dejándome arrinconada
　　　　　　allá en mi casa de tierra.
　　　　　　Y si no quieres matarme
　　　　　　como a víbora pequeña,
　　　　　　pon en mis manos de novia
　　　　　　el cañón de la escopeta.
　　　　　　¡Ay, qué lamento, qué fuego
　　　　　　me sube por la cabeza!
　　　　　　¡Qué vidrios se me clavan en la lengua!

LEONARDO.　Ya dimos el paso; ¡calla!,
　　　　　　porque nos persiguen cerca
　　　　　　y te he de llevar conmigo.

NOVIA.　　　¡Pero ha de ser a la fuerza!

LEONARDO.　¿A la fuerza? ¿Quién bajó
　　　　　　primero las escaleras?

NOVIA.　　　Yo las bajé.

LEONARDO.　　　　　¿Quién le puso
　　　　　　al caballo bridas nuevas?

NOVIA.　　　Yo misma. Verdá.[9]

LEONARDO.　　　　　　¿Y qué manos
　　　　　　me calzaron las espuelas?

NOVIA.　　　Estas manos, que son tuyas,
　　　　　　pero que al verte quisieran

[9] Endnote M.

quebrar las ramas azules
y el murmullo de tus venas.
¡Te quiero! ¡Te quiero! ¡Aparta!
Que si matarte pudiera,
te pondría una mortaja
con los filos de violetas.
¡Ay, qué lamento, qué fuego
me sube por la cabeza!

LEONARDO.   ¡Qué vidrios se me clavan en la lengua!
Porque yo quise olvidar
y puse un muro de piedra
entre tu casa y la mía.
Es verdad. ¿No lo recuerdas?
Y cuando te vi de lejos
me eché en los ojos arena.
Pero montaba a caballo
y el caballo iba a tu puerta.
Con afileres de plata
mi sangre se puso negra,
y el sueño me fue llenando
las carnes de mala hierba.
Que yo no tengo la culpa,
que la culpa es de la tierra
y de ese olor que te sale
de los pechos y las trenzas.

NOVIA.   ¡Ay qué sinrazón! No quiero
contigo cama ni cena,
y no hay minuto del día
que estar contigo no quiera,
porque me arrastras y voy,
y me dices que me vuelva
y te sigo por el aire
como una brizna de hierba.
He dejado a un hombre duro
y a toda su descendencia
en la mitad de la boda

y con la corona puesta.
Para ti será el castigo
y no quiero que lo sea.
¡Déjame sola! ¡Huye tú!
No hay nadie que te defienda.

LEONARDO.   Pájaros de la mañana
por los árboles se quiebran.
La noche se está muriendo
en el filo de la piedra.
Vamos al rincón oscuro,
donde yo siempre te quiera,
que no me importa la gente,
ni el veneno que nos echa.

(*La abraza fuertemente.*)

NOVIA.   Y yo dormiré a tus pies
para guardar lo que sueñas.
Desnuda, mirando al campo,

(*Dramática.*)

como si fuera una perra,
¡porque eso soy! Que te miro
y tu hermosura me quema.

LEONARDO.   Se abrasa lumbre con lumbre.
La misma llama pequeña
mata dos espigas juntas.
¡Vamos!

(*La arrastra.*)

NOVIA.   ¿Adónde me llevas?

LEONARDO.   A donde no puedan ir
estos hombres que nos cercan.
¡Donde yo pueda mirarte!

NOVIA. (*Sarcástica.*)
Llévame de feria en feria,

dolor de mujer honrada,
a que las gentes me vean
con las sábanas de boda
al aire, como banderas.

LEONARDO.   También yo quiero dejarte
si pienso como se piensa.
Pero voy donde tú vas.
Tú también. Da un paso. Prueba.
Clavos de luna nos funden
mi cintura y tus caderas.

(Toda esta escena es violenta, llena de gran sensualidad.)

NOVIA.   ¿Oyes?

LEONARDO.   Viene gente.

NOVIA.   ¡Huye!
Es justo que yo aquí muera
con los pies dentro del agua
y espinas en la cabeza.
Y que me lloren las hojas,
mujer perdida y doncella.

LEONARDO.   Cállate. Ya suben.

NOVIA.   ¡Vete!

LEONARDO.   Silencio. Que no nos sientan.
Tú delante. ¡Vamos, digo!

(Vacila la NOVIA.)

NOVIA.   ¡Los dos juntos!

LEONARDO. *(Abrazándola.)*
                    ¡Como quieras!
Si nos separan, será
porque esté muerto.

NOVIA.   Y yo muerta.

(Salen abrazados.)

(Aparece la LUNA *muy despacio. La escena adquiere una fuerte luz azul. Se oyen los dos violines. Bruscamente se oyen dos largos gritos desgarrados, y se corta la música de los violines. Al segundo grito aparece la* MENDIGA *y queda de espaldas. Abre el manto y queda en el centro como un gran pájaro de alas inmensas. La* LUNA *se detiene. El telón baja en medio de un silencio absoluto.)*

CUADRO ULTIMO[1]

Habitación blanca con arcos y gruesos muros. A la derecha y a la izquierda escaleras blancas. Gran arco al fondo y pared del mismo color. El suelo será también de un blanco reluciente. Esta habitación simple tendrá un sentido monumental de iglesia. No habrá ni un gris, ni una sombra, ni siquiera lo preciso para la perspectiva.

(Dos muchachas vestidas de azul oscuro están devanando una madeja roja.)

MUCHACHA 1.ª   Madeja, madeja,
                ¿qué quieres hacer?[2]

MUCHACHA 2.ª   Jazmín de vestido,
                cristal de papel.
                Nacer a las cuatro,
                morir a las diez.
                Ser hilo de lana,
                cadena a tus pies
                y nudo que apriete
                amargo laurel.

NIÑA. *(Cantando.)*
                ¿Fuisteis a la boda?

---

[1] Introduction, xiv.

[2] On the Girls' Spinning Song see Endnote N.

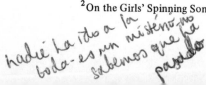

MUCHACHA 1.ª   No.

NIÑA.   ¡Tampoco fui yo!
                ¿Qué pasaría
                por los tallos de las viñas?
                ¿Qué pasaría
                por el ramo de la oliva?
                ¿Qué pasó
                que nadie volvió?
                ¿Fuisteis a la boda?

MUCHACHA 2.ª   Hemos dicho que no.

NIÑA. (*Yéndose.*) ¡Tampoco fui yo!

MUCHACHA 2.ª   Madeja, madeja,
                ¿qué quieres cantar?

MUCHACHA 1.ª   Heridas de cera,
                dolor de arrayán.
                Dormir la mañana,
                de noche velar.

NIÑA. (*En la puerta.*)
                El hilo tropieza
                con el pedernal.
                Los montes azules
                lo dejan pasar.
                Corre, corre, corre,
                y al fin llegará
                a poner cuchillo
                y a quitar el pan.

       (*Se va.*)

MUCHACHA 2.ª   Madeja, madeja,
                ¿qué quieres decir?

MUCHACHA 1.ª   Amante sin habla.
                Novio carmesí.
                Por la orilla muda
                tendidos los vi.

(*Se detiene mirando la madeja.*)

NIÑA. (*Asomándose a la puerta.*)
> Corre, corre, corre,
> el hilo hasta aquí.
> Cubiertos de barro
> los siento venir.
> ¡Cuerpos estirados,
> paños de marfil!

(*Se va.*)

(*Aparecen la* MUJER *y la* SUEGRA *de Leonardo. Llegan angustiadas.*)

MUCHACHA 1.ª
> ¿Vienen ya?

SUEGRA. (*Agria.*)   No sabemos.

MUCHACHA 2.ª
> ¿Qué contáis de la boda?

MUCHACHA 1.ª   Dime.

SUEGRA. (*Seca.*)   Nada.

MUJER.   Quiero volver para saberlo todo.

SUEGRA. (*Enérgica.*)
> Tú, a tu casa.
> Valiente y sola en tu casa.
> A envejecer y a llorar.
> Pero la puerta cerrada.
> Nunca. Ni muerto ni vivo.[3]
> Clavaremos las ventanas.
> Y vengan lluvias y noches
> sobre las hierbas amargas.

[3] i.e. Neither the living nor the dead can now penetrate the Mujer's isolation.

MUJER.   ¿Qué habrá pasado?

SUEGRA.   No importa.
                Echate un velo en la cara.
                Tus hijos son hijos tuyos
                nada más. Sobre la cama
                pon una cruz de ceniza·
                donde estuvo su almohada.

          (*Salen.*)

MENDIGA. (*A la puerta.*)

                Un pedazo de pan, muchachas.
NIÑA.   ¡Vete!

          (*Las muchachas se agrupan.*)

MENDIGA. ¿Por qué?

NIÑA.   Porque tú gimes: vete.

MUCHACHA 1.ª   ¡Niña!

MENDIGA. ¡Pude pedir tus ojos! Una nube
                de pájaros me sigue; ¿quieres uno?

NIÑA.   ¡Yo me quiero marchar!

MUCHACHA 2.ª (*A la* MENDIGA.)   ¡No le hagas caso!

MUCHACHA 1.ª
                ¿Vienes por el camino del arroyo?

MENDIGA. ¡Por allí vine!

MUCHACHA 1.ª (*Tímida.*)   ¿Puedo preguntarte?

MENDIGA. Yo los vi; pronto llegan: dos torrentes
                quietos al fin entre las piedras grandes,
                dos hombres en las patas del caballo.
                Muertos en la hermosura de la noche.

          (*Con delectación.*)
                Muertos, sí, muertos.

MUCHACHA 1.ª   ¡Calla, vieja, calla!

MENDIGA.   Flores rotas los ojos, y sus dientes
dos puñados de nieve endurecida.
Los dos cayeron, y la novia vuelve
teñida en sangre falda y cabellera.[4]
Cubiertos con dos mantas ellos vienen
sobre los hombros de los mozos altos.
Así fue; nada más. Era lo justo.
Sobre la flor del oro, sucia arena.

(*Se va. Las muchachas inclinan las cabezas y rítmicamente
van saliendo.*)

MUCHACHA 1.ª
Sucia arena.

MUCHACHA 2.ª   Sobre la flor del oro.

NIÑA.   Sobre la flor del oro
traen a los muertos del arroyo.
Morenito el uno,
morenito el otro.
¡Qué ruiseñor de sombra vuela y gime
sobre la flor del oro!

(*Se va. Queda la escena sola. Aparece la* MADRE *con una*
VECINA. *La* VECINA *viene llorando.*)

MADRE.   Calla.

VECINA.   No puedo.

MADRE.   Calla, he dicho. (*En la puerta.*) ¿No hay nadie aquí?
(*Se lleva las manos a la frente.*) Debía contestarme mi hijo.
Pero mi hijo es ya un brazado de flores secas. Mi hijo es ya
una voz oscura detrás de los montes. (*Con rabia, a la* VECINA.)
¿Te quieres callar? No quiero llantos en esta casa. Vuestras
lágrimas son lágrimas de los ojos nada más, y las mías vendrán

[4] *with her skirt and hair stained with blood.*

cuando yo esté sola, de las plantas de mis pies, de mis raíces, y serán más ardientes que la sangre.

VECINA.   Vente a mi casa; no te quedes aquí.

MADRE.   Aquí. Aquí quiero estar. Y tranquila. Ya todos están muertos. A medianoche dormiré, dormiré sin que ya me aterren la escopeta o el cuchillo. Otras madres se asomarán a las ventanas, azotadas por la lluvia, para ver el rostro de sus hijos. Yo no. Yo haré con mi sueño una fría paloma de marfil que lleve camelias de escarcha sobre el camposanto. Pero no; camposanto no, camposanto no: lecho de tierra, cama que los cobija y que los mece por el cielo. (*Entra una mujer de negro que se dirige a la derecha y allí se arrodilla. A la* VECINA.) Quítate las manos de la cara. Hemos de pasar días terribles. No quiero ver a nadie. La tierra y yo. Mi llanto y yo. Y estas cuatro paredes. ¡Ay! ¡Ay! (*Se sienta transida.*)

VECINA.   Ten caridad de ti misma.

MADRE. (*Echándose el pelo hacia atrás.*)   He de estar serena. (*Se sienta.*) Porque vendrán las vecinas y no quiero que me vean tan pobre. ¡Tan pobre! Una mujer que no tiene un hijo siquiera que poderse llevar a los labios.

(*Aparece la* NOVIA. *Viene sin azahar y con un manto negro.*)

VECINA. (*Viendo a la* NOVIA, *con rabia.*)   ¿Dónde vas?

NOVIA.   Aquí vengo.

MADRE. (*A la* VECINA.)   ¿Quién es?

VECINA.   ¿No la reconoces?

MADRE.   Por eso pregunto quién es. Porque tengo que no reconocerla, para no clavarla mis dientes en el cuello. ¡Víbora! (*Se dirige hacia la* NOVIA *con ademán fulminante; se detiene. A la* VECINA.) ¿La ves? Está ahí y está llorando, y yo quieta sin arrancarle los ojos. No me entiendo. ¿Será que yo no quería a mi hijo? Pero ¿y su honra? ¿Dónde está su honra? (*Golpea a la* NOVIA. *Esta cae al suelo.*)

VECINA.   ¡Por Dios! (*Trata de separarlas.*)

NOVIA. (*A la* VECINA.)   Déjala; he venido para que me mate y
que me lleven con ellos. (*A la* MADRE.) Pero no con las manos;
con garfios de alambre, con una hoz, y con fuerza, hasta que se
rompa en mis huesos. ¡Déjala! Que quiero que sepa que yo soy
limpia, que estaré loca, pero que me pueden enterrar sin que
ningún hombre se haya mirado en la blancura de mis pechos.

MADRE.   Calla, calla; ¿qué me importa eso a mí?

NOVIA.   ¡Porque yo me fui con el otro, me fui! (*Con angustia.*)
Tú también te hubieras ido. Yo era una mujer quemada, llena
de llagas por dentro y por fuera, y tu hijo era un poquito de
agua de la que yo esperaba hijos, tierra, salud; pero el otro
era un río oscuro, lleno de ramas, que acercaba a mí el rumor
de sus juncos y su cantar entre dientes. Y yo corría con tu
hijo, que era como un niñito de agua fría, y el otro me mandaba cientos de pájaros que me impedían el andar y que dejaban escarcha sobre mis heridas de pobre mujer marchita, de
muchacha acariciada por el fuego. Yo no quería, ¡óyelo bien!;
yo no quería. ¡Tu hijo era mi fin y yo no lo he engañado, pero
el brazo del otro me arrastró como un golpe de mar, como la
cabezada de un mulo, y me hubiera arrastrado siempre, siempre,
siempre, aunque hubiera sido vieja y todos los hijos de tu hijo
me hubiesen agarrado de los cabellos!

(*Entra una vecina.*)

MADRE.   Ella no tiene la culpa, ¡ni yo! (*Sarcástica.*) ¿Quién la
tiene, pues? ¡Floja, delicada, mujer de mal dormir es quien
tira una corona de azahar para buscar un pedazo de cama calen-
tado por otra mujer![5]

NOVIA.   ¡Calla, calla! Véngate de mí; ¡aquí estoy! Mira que mi
cuello es blando; te costará menos trabajo que segar una dalia

---

[5] *Weak, indeed, and delicate and an ill sleeper, she who flings away
her crown of orange blossom to seek out a piece of bed warmed by
another woman!*

de tu huerto. Pero ¡eso no! Honrada, honrada como una niña recién nacida. Y fuerte para demostrártelo. Enciende la lumbre. Vamos a meter las manos: tú por tu hijo, yo por mi cuerpo. Las retirarás antes tú.

(*Entra otra vecina.*)

MADRE. Pero ¿qué me importa a mí tu honradez? ¿Qué me importa tu muerte? ¿Qué me importa a mí nada de nada? Benditos sean los trigos, porque mis hijos están debajo de ellos; bendita sea la lluvia, porque moja la cara de los muertos. Bendita sea Dios, que nos tiende juntos para descansar.

(*Entra otra vecina.*)

NOVIA. Déjame llorar contigo.

MADRE. Llora. Pero en la puerta.

(*Entra la* NIÑA. *La* NOVIA *queda en la puerta. La* MADRE, *en el centro de la escena.*)

MUJER. (*Entrando y dirigiéndose a la izquierda.*)
    Era hermoso jinete,
    y ahora montón de nieve.
    Corrió ferias y montes
    y brazos de mujeres.
    Ahora, musgo de noche
    le corona la frente.

MADRE.
    Girasol de tu madre,
    espejo de la tierra.
    Que te pongan al pecho
    cruz de amargas adelfas;
    sábana que te cubra
    de reluciente seda,
    y el agua forme un llanto
    entre tus manos quietas.

MUJER.
    ¡Ay, que cuatro muchachos
    llegan con hombros cansados!

NOVIA.   ¡Ay, que cuatro galanes
                traen a la muerte por el aire!

MADRE.   Vecinas.

NIÑA. (*En la puerta.*)   Ya los traen.

MADRE.   Es lo mismo.
                    La cruz, la cruz.

MUJERES.   Dulces clavos,
                    dulce cruz,
                    dulce nombre
                    de Jesús.

NOVIA.   Que la cruz ampare a muertos y a vivos.

MADRE.   Vecinas: con un cuchillo,
            con un cuchillito,
            en un día señalado, entre las dos y las tres,
            se mataron los dos hombres del amor.
            Con un cuchillo,
            con un cuchillito
            que apenas cabe en la mano,
            pero que penetra fino
            por las carnes asombradas,
            y que se para en el sitio
            donde tiembla enmarañada
            la oscura raíz del grito.

NOVIA.   Y esto es un cuchillo,
            un cuchillito
            que apenas cabe en la mano;
            pez sin escamas ni río,
            para que un día señalado, entre las dos y las tres,
            con este cuchillo
            se queden dos hombres duros
            con los labios amarillos.

MADRE.   Y apenas cabe en la mano,
           pero que penetra frío
           por las carnes asombradas
           y allí se para, en el sitio
           donde tiembla enmarañada
           la oscura raíz del grito.

(*Las vecinas, arrodilladas en el suelo, lloran.*)

Telón

FIN

ENDNOTES

A. Forms of address. Notice especially: (i) the traditional – and especially rural – use of *usted* by child to parent, contrasted with the down-to-earth, no-nonsense use of the familiar form between members of the same generation, even when they meet for the first time (I, iii); (ii) the use of such words as *hijo, hija, niño, niña, criatura,* etc. as expressions of affection, even when the person addressed is not a son or a daughter or a child; (iii) the use of such traditional expressions as 'Anda con Dios', 'Vayan ustedes con Dios', 'Dios bendiga su casa'.

B. *y hasta las azadas y los bieldos de la era, and even drag-hoes and pitch-forks* (lit. *winnowing-forks of the threshing floor*). This is a good example of one of the difficulties of translating Lorca – and of appreciating him from within an English context. His words take both their basic meaning and their emotive resonances from a cultural complex different from our own. The *azada,* for example, is a heavy implement for working the soil. In its basic function it can be tolerably translated as *hoe,* but not in the ominous resonances that the Madre, in her obsession, forces on to it. In English a *hoe* is most commonly a Dutch hoe, a lightweight gardening implement that does not easily suggest itself as a potential killer. Consequently, in a free translation one might well be tempted to translate *azada* by *pick-axe,* which somewhat misrepresents the implement's more prosaic function but serves better to convey the emotive resonances. The word *draw-hoe* does in fact exist as an exact translation of the Spanish *azada,* but sound, too, is important in Lorca and *draw-hoe* is too gentle, besides being virtually unknown. I therefore suggest, by extension, the more forceful-sounding *drag-hoe,* a combination of *drag* (in the sense of 'muckrake') and *hoe* (to bring out the basic meaning). Similarly, a *bieldo* is not strictly speaking a *pitchfork* but an implement for winnowing wheat by hand. However, the *pitchfork* has a prosaic function near enough to that of the *bieldo* for it to serve as a translation, as well as suggesting itself as a potentially dangerous implement. There are many such superpositions of prosaic meaning and emotive resonance in *Bodas de sangre,* but in general they will have to be passed over without comment. In the vocabulary as in footnotes I most commonly opt for a literal translation but consider the most notable examples of secondary meaning in the

Introduction. As an immediately relevant example, with a similar superposition of prosaic meaning and ominous secondary meaning, one might usefully consider Lorca's use of the knife (Introduction, xxxiv—xxxv).

C. *O si vuelve . . . para que no se hinche, Or if he comes back it's to place a palm leaf on him or a plate of coarse salt so he won't swell.* For the association of the palm leaf with death, see the following lines that Angel Ganivet heard sung by a 'joven enferma' from the Caves of Sacromonte in Granada at the end of the last century:

> Tengo una pena muy grande
> escondida en mis entrañas,
> porque me ha dicho un *divé* [dios]
> que me han de enterrar con palma. (*Libro de Granada,* Granada 1899, p. 80)

With reference to the plate of coarse salt, I have myself found old people in Andalucía who recall a tradition of placing weight — usually in the form of a plate of sand — on the stomach of a dead person to prevent its swelling. The passage, then, offers a fine example of Lorca's use of 'hard imagery': not merely a statement or an abstraction (*he is brought back dead*) but a vivid physical image. Similarly, in the following lines the temptation offered by knives is given succinct physical form, with the serpent both as an image of the knife and as a reminder of the Biblical tempter, and despair is presented as a physical sensation that pricks one's eyes and the very tips of one's hair, and the Madre's dead men folk are seen as turned to dust, with grass growing through them. There are similar examples throughout the play. See Introduction, xxix ff.

D. **Flower imagery.** In Spanish the word *clavel* is commonly used as a word of affection to a child (cf. 12—13, 17—18) and *flor* in a host of contexts to indicate beauty (cf. the Novia, 'flor de los montes', 35), a lover's compliment, the 'bloom' of youth, the 'cream' of society, etc. (cf. 'la flor del oro', *the purest of gold,* 35, 36, 68). Moreover, in Spanish tradition the gallant with a flower in his mouth (4) or behind his ear (36) is a well known figure, and white orange blossom is commonly associated with purity and, thence also, with brides (II, i). Lorca, a visual artist as well as a poet, supremely sensitive both to physical perceptions and to associated emotive resonances, carries the process further and tends to associate flowers with human qualities and human destinies. For the moment it is sufficient to note that red and pink flowers are usually images of human vitality (cf. 'dos hombres que eran dos geranios' a few lines later). For further study, see Introduction, xxxix—xl.

E. *Nana, niño, nana, Lullaby, my baby.*

> Muy lejos de nosotros, el niño posee íntegra la fe creadora y no tiene aún la semilla de la razón destructora. Es inocente y, por lo tanto, sabio. Comprende, mejor que nosotros, la clave inefable de la sustancia poética. (*OC* I, 1083).

For Lorca the world of childhood is a realm of innocence and spontaneity free from the restraints imposed by adult reason and convention and temporal preoccupations. Consequently, the child is in touch with the mysterious forces that ultimately guide human destiny ('Es inocente y, por lo tanto, sabio') and the superposition of those two areas of experience — childhood innocence and dark forces of fate — is a notable characteristic of the uninhibited world that the mother or nurse shares with her child in the lullabies that she sings to him, as it is of Lorca's own writing.

The above quotation is taken from a lecture by Lorca on lullabies ('Las nanas infantiles'). In that lecture Lorca refers to six versions that he has collected of the following lullaby ('la más popular del reino de Granada') and makes important comments on it:

> A la nana, nana, nana,
> a la nanita de aquel
> que llevó el caballo al agua
> y lo dejó sin beber.

> El niño tiene un juego lírico de belleza pura antes de entregarse al sueño. Ese *aquel* y su caballo se alejan por el camino de ramas oscuras hacia el río, para volver a marcharse por donde empieza el canto una vez y otra vez, siempre de manera silenciosa y renovada. Nunca el niño los verá de frente. Siempre imaginará en la penumbra el traje oscuro de *aquel* y la grupa brillante del caballo. Ningún personaje de estas canciones da la cara. Es preciso que se alejen y abran un camino hacia sitios donde el agua es más profunda y el pájaro ha renunciado definitivamente a sus alas. Hacia la más simple quietud. Pero la melodía da en este caso un tono que hace dramáticos en extremo a *aquel* y a su caballo; y al hecho insólito de no darle agua, una rara angustia misteriosa. (*OC* I, 1082)

The similarity between this traditional lullaby and the lullaby of the Mujer and the Suegra is obvious. We are touching on yet another characteristic of Lorca's writing: his adaptation and incorporation into his own work of poems and songs from popular tradition. But they are no mere adornment. There is nothing incidental in Lorca's mature writings. Everything is orchestrated, intensified and integrated into the relevant context. Thus, in Lorca's version of the lullaby it is not merely a person (even a mysterious *aquel*) who refuses the horse water; it is some mysterious force within the horse itself, as though the horse is aware of dark portents in the black water of the river, and the 'rara angustia misteriosa' that Lorca sensed in the traditional lullaby is thereby intensified. And as the horse stops short at the water and refuses to drink — despite the thirst suggested by the drops of sweat and saliva ('moscas de plata') around its hot muzzle — so also the river, which is seen as a horse amidst the surrounding country-side ('con su larga cola / por su verde sala'), ominously stops short at the bridge. Moreover, the weeping horse, with its wounded hoofs and frozen mane, is clearly an anticipation of Leonardo's horse, and the dagger and the free-flowing blood, significantly contrasted with the stopped up water of the 'río muerto', are a reminder of the *sangre* of the title of the play and of the Madre's preoccupation with bloodshed, which is also a stopping up of water (a Lorcan image of vitality). The 'caballo del alba', then, brings not the hope of a new dawn but an ominous awareness of dark portents and, in 'dolor de nieve', an anticipation of the cold, white emptiness of widowhood and abandoned hope with which the play will end, when windows will be shut up, not to keep out danger, as here, with the illusioned offer of 'rama de sueños / y sueño de ramas', but as an image of isolation and lost illusion, with the final cutting short of dreams of branches (genealogical branches). Even the 'cuna de acero' and 'colcha de holanda' (images of well-being; cf. 'Compadre, quiero morir / decentemente en mi cama. / De acero, si puede ser, / con las sábanas de holanda', *OC* I, 401) will give way ultimately to a 'lecho de tierra' and to the 'blancos hilos' of a death shroud. In short, the lullaby offers, amidst a striving for elements of consolation, a profusion of images of stopped-up vitality. It fulfils, then, exactly the same function as the Madre's foreboding in the previous scene. Despite illusioned aspirations (cf. the Madre's desire for grandchildren) it emphasizes dark, irrational forces, and when elements of justification follow (Leonardo's distressed horse and his anger at the wedding, functionally comparable to the Vecina's revelations in Scene i), those elements that have still not been confirmed — the dagger, the flowing of blood, the stopping up of water and the resulting 'dolor de nieve' — are left hovering over the play like expressions of fate. And in case we as an audience initially paid insufficient attention to the words of the lullaby, insensitively dismissing it as 'incidental', the lullaby is taken up again at the end of the scene. Now, surely, we can miss nothing. The Mujer's and Suegra's weeping, like the Madre's crossing herself at the end of Scene i, appears as a recognition of the destiny that awaits them.

F. **Enter—Exit directions.** A character's appearance on stage is most frequently indicated by *entrar* (especially when he comes in from outside) but *salir* (principally when he emerges from an inner room) and *aparecer*, too, are common. A character's exit is most frequently indicated by *salir* (especially when he goes outside), but *entrar* (into an inner room) and *irse* — and a single *mutis* — are used also. As examples of the use of *entrar* and *salir* to indicate both entry and exit, see especially pp. 16 and 45. In *Bodas de sangre* as in other modern Spanish plays context is usually the director's and translator's surest guide to whether a given character enters or exits.

G. *Hace las migas a las tres, cuando el lucero. She makes* migas *at three o'clock, when the morning star is shining. Migas* is a traditional rural dish of stale bread broken up very small (*migas, crumbs*), soaked in water with salt, usually overnight, and fried up with olive oil and garlic. In Andalucía it was traditionally eaten for breakfast, before the men left for the fields at about four o'clock taking their *almuerzo* with them for a snack at about eleven. I have myself heard an old Andalusian farm-hand lament the inferiority of modern women with the words 'Las mujeres ya no hacen las migas a las tres'. In view of this, it is difficult to accept Feal Deibe's view of the expression as an example of Lorca's 'fino sentido de humor', with relevance to the alleged phallic symbol of the 'maroma' (*Eros y Lorca*, pp. 237–8, 256). Several of Feal Deibe's misinterpretations (including his apparent interpretation of *almuerzo* as a meal to be eaten at home and, thence, as evidence of the Madre's desire to keep her son within the home, 'una especie de seno materno' (*womb*), 229–31) arise from disregard of the specific Andalusian reality that Lorca takes as his starting-point.

H. **The wedding song**. I have no evidence that the wedding song that runs through Act II, Scene i, is closely related to any specific wedding song. The tone, however, is very close to that of traditional songs (especially *alboradas, dawn songs*) as found in song and ballad collections (*cancioneros* and *romanceros*) of the sixteenth and seventeenth centuries:

Despertad, Marfisa,
que viene el alba,
abriendo las puertas
porque el Sol salga . . . (Anonymous,
Romancero general, 1605).

But despite its traditional tone the song becomes completely Lorca's
own and is wholly integrated into the overall progression of the play.
It is initiated by the Criada, with significant references to rivers and
branches in blossom, images of vitality and freshness that contrast
with the more sombre imagery of the earlier cradle song — and with
Leonardo's ominous arrival and sarcastic references to bridal crown
and orange blossom. As the guests enter, one by one and then in
groups, all singing the song, joy and animation increase. Especially
notable are the images of purity ('azahar', 'blanca', 'jazmín', 'alba' . . .)
and the effect is intensified by echoes of pastoral and *cancionero*
tradition ('ronda', 'balcón', 'pastora', 'galán', 'naranjel', 'corona'. . .).
Images of vitality and fertility, too, abound ('tronco', 'rama', 'con
bandejas de dalias / y panes de gloria', 'un árbol [. . .] lleno de
cintas granates', 'bueyes' . . .) and the wedding itself seems to come
alive with animal vitality ('La boda está llamando / por las ventanas',
'¡Como un toro, la boda / levantándose está!'). Yet amidst so much
joy, the reference to the Novia's 'cola de seda' recalls the black water
of the lullaby, 'con su larga cola / por su verde sala', and the 'blanca
novia' herself finally appears dressed in black. She is critical of the
Novio for the colour of his shoes, but when a sullen Leonardo enters
with his wife she anxiously hastens the wedding ceremony. The
Madre, whose only words so far in this scene have been words of
annoyance at the sight of Leonardo, now warns against misfortune
on the way to the church. But as the guests leave they sing again of
the 'blanca doncella' and her joyful setting forth, 'como una estrella'.
In these final moments there are possibly ominous resonances within
the song itself, with the interplay of the image of the Novio as 'la
flor del oro' and the air's spreading of flowers over the sands (which
will later be inverted as an image of the Novio's death: 'sobre la flor
del oro, sucia arena') and with the interplay of 'blanca niña' and
'aire oscuro el encaje / de su mantilla'. But the most immediately
obvious contrast — the culmination of the scene's whole train of
contrast between promised joy and underlying tensions — is that
between the predominant joy of the song and the exasperation and
disillusion of Leonardo's wife who, two years before, likewise left
her house 'como una estrella', open to the whole of nature, and who

now knows that she has been cast aside. It will presumably be no
mere coincidence that, when she announces the lovers' flight at the
end of the following scene, it will not be as 'estrella' (with suggestions
of radiance and purity) but as a less serene 'exhalación' (with significant revitalization of a normally worn image comparable to the
English *like lightning*).

I. The Criada's Song. The lullaby was a song of ill omen; it produced its effect by complementing the main action of the play and
pointing to the underlying dark forces. The wedding song, on the
other hand, was a song of joy; it produced its effect by contrast with
the main action of the play, emphasizing joys and promise that
seemed to be absent from the main action. The Criada's song, like
her contribution at the end of the previous scene, brings together
both these functions: on the one hand it is a song of joy (like the
wedding song), an entreaty for good things to follow from the marriage – in contrast to the play's dark tensions; on the other hand it
is a song of foreboding (like the lullaby), pointing to dark forces that
threaten the good things of marriage – and thereby complementing
the play's dark tensions.

It starts with the turning of a wheel (a water wheel, a spinning
wheel, the wheel of life) and a repeated $\cup \leq \cup$ rhythm throughout
the first three lines serves to emphasize its relentless turning. The
water flows freely and the Criada entreats the branches to open and
the moon to adorn itself at its white railing. But we have heard, in
the lullaby, of water that stopped short in its flowing, and the
entreaty to the branches to open is an anticipation of the woodcutter's contrary entreaty in Act III, Scene i: for the branches to
close in order to conceal the fleeing lovers. And the moon will
appear in that scene not to adorn itself at its white railing but 'helada /
por paredes y cristales' to warm itself in blood (55). The $\cup \leq \cup$ rhythm
is taken up again for another three lines, followed by a further
entreaty: this time for passions to be cooled ('que relumbre la escarcha')
and for bitterness to be turned to sweetness ('y se llenen de miel / las
almendras amargas'). But the passions that we have seen do not
appear to have been cooled, and there is no sign that the Madre's
bitterness is likely to turn to sweetness. As in the wedding song,
there are echoes of a more serene pastoral tradition ('Galana. / Galana
de la tierra', 'bajo el ala del novio') and there is an appeal to the
bride to take refuge in the bridegroom's love. 'Porque el novio es un
palomo / con todo el pecho de brasa.' But is he? We have been given

much evidence of Leonardo's passion but very little of the Novio's. In the following lines the contrasting threads of desired happiness and feared misfortune are brought together and superimposed one on the other: 'y espera el campo el rumor / de la sangre derramada'. On one level the spilt blood can refer, as elsewhere in Lorca, to the blood of sacrificed virginity—and thence to the perpetuation of one's blood in children; on another level it can refer to the spilling of blood through knife fights. In other words, life and death are here superimposed and the same words point to both. Such use of a given element of reality with contradictory resonances is a notable characteristic of Lorca's writing and it is extremely effective. The song finishes with an entreaty for flowing water to shine. But the water in the lullaby was black and it stopped short at the bridge.

It is significant that it should be the Criada who sings this song. Old servants in Lorca see better than others what is really going on. They desire a satisfactory outcome but are sensitive to the darker possibilities. Even as the song ends, the Madre and Padre enter and the Madre breaks out again into bitterness about Leonardo's family and their killings and the horror of spilt blood ('la sangre . . . derramada por el suelo'). The ominous plane of the Criada's song, then, has been given added significance. Like the Madre with her obsession and her foreboding in the first scene of the play and like the Mujer and Suegra through their lullaby in the second scene, so also the Criada, in her own song, appears to give expression to the voice of fate.

J. The Monologues of the Moon and Beggar Death. In the first two acts of the play poetry and prose exist side by side, interacting but not fused: on the one hand there is the world of humans; on the other hand, the realm of fate, pointed to by the Madre and, in songs, by the Mujer and Suegra and by the Criada. In the third act the two come together: fate finally reveals itself in physical form (with a progression from woodcutters to Moon and on to Beggar Death) and it gradually takes over the action of the play. Light gives way to darkness, warm reds and pinks and golds to cold blues and greens, foreboding to fulflment, realism to increasing stylization and ritual, predominant prose to predominant verse. The woodcutters represent the first stage and their function is considered in the Introduction. Then the moon appears as a young white-faced woodcutter and pronounces a monologue that is one of the high points of the play.

Three images of light immediately serve to dispel the entreated darkness of 'rama oscura': the moon's reflection below in the river ('cisne redondo'), its probing eye above ('ojo de las catedrales') and, most clearly contrasted to the 'rama oscura' of the fleeing lovers, between river and cathedral tower, the light that is cast on the leaves ('alba fingida'). '¡No podrán escaparse!' There must be no hiding, no undiscovered sobbing amidst the undergrowth. The moon itself leaves a knife hovering in the air in leaden waiting, slow but relentless in its desire for blood. It is a very different moon from the one that the Criada hoped for in her song. The moon comes now 'helada / por paredes y cristales' and longs to penetrate both roofs and breasts in search of warmth. Its spent embers of slumbering metals (cf. 'acecho de plomo') seek a new life of fire amidst hills and streets, but the moon is opposed by the coldness of snow and water. All creation, then, is involved in the outcome. But tonight both moon above and reeds below will be bathed in blood. The moon's three elements of yearning are taken up again: there must be no shade; the lovers must not escape; I must warm myself. The blood must flow over the mountains of my breast (with a further bringing together of imagery of man and earth). After a superbly Lorcan line of expressed yearning (cf. '¡dejadme subir!, dejadme', *OC* I, 401) the moon's three elements of longing appear yet again, with a repetition of the earlier '¿Quién se oculta?' and with a now reinforced '¡No! ¡No podrán escaparse!'

As the moon disappears for a moment among the trees, the beggar woman enters and appoints the time and place: 'De aquí no pasan', 'Aquí ha de ser y pronto'. The chests, she says, are opening — the traditional Spanish guardians of baby clothes, wedding trousseaux and clothes of and for the deceased — and its winding-sheets await the dead bodies. Let not a bird (an image of life) awaken and let the breeze gather up in its skirt the moans of the dying men and carry them away amidst black tree-tops or bury them in the soft mire.

To a contemporary reviewer it seemed that Lorca abused the monologue in *Bodas de sangre* and used it as mere rhetoric. Lorca himself, on the other hand, when asked which part of the play satisfied him most, replied: 'Aquel en que intervienen la Luna y la Muerte, como elementos y símbolos de fatalidad. El realismo que preside hasta ese instante la tragedia se quiebra y desaparece para dar paso a la fantasía poética' (*OC* II, 959). It is a subject worth thinking about.

K. *¡Ay muerte que sales!* In the ten lines of the woodcutters' incantation note the variations on their earlier entreaty to the moon (54) and consider the effect.

L. Leonardo–Novia dialogue. Another high point of the play. 'Venga en buena hora la poesía en aquellos instantes que la disposición y el frenesí del tema lo exijan' (*OC* II, 958). The more difficult imagery is referred to in different parts of the Introduction.

M. Verdá (=*Verdad*). A reflection of popular (especially Andalusian) pronunciation. Here used to show elision with the following Y̲, and thereby to give an eight-syllable line: 'Yo misma. Verdá. ¿Y qué manos / ...'. Josefina Díaz de Artigas, whose company premiered *Bodas de sangre* and who herself played the Novia in those first performances, has recalled how Lorca attended all rehearsals and how, in the wedding scene, he emphasized the interplay and harmonization of the different voices. Indeed, his desire for vocal interplay – and not only or even principally in the wedding scene – is evident from the writing itself with its interplay of words and phrases, images, themes, rhymes ... and, as in the example here referred to, with the occasional sharing of a single line of poetry by two or three voices (indicated in the text by staggered lay-out). There are notable examples of all these things in Act III.

N. The girls' spinning song. The Fates of Greek mythology finally appear in their traditional spinners' guise, amidst a pure white setting that plays down all specific physical and temporal placing by the complete absence of shadows and perspective and by emphasis on the scene's church-like monumentality. The very setting of the scene, then, contributes to the play's progression towards increasing universalization: from the real-life anecdote of Acts I and II to the predominant timelessness and spacelessness of Act III as it is revealed that behind mere anecdote lies a relentless plan controlled by the fates themselves. The wool being wound is red, the colour of blood, and the predominant rhythm throughout is amphibrach ($\cup \doteq \cup$), to convey the sense of the fatal spinning-wheel – as in the reference to the turning wheel in the Criada's song at the beginning of Act II, Scene ii ('Giraba, / giraba la rueda / y el agua pasaba', 39–40). The song falls into three main parts, each introduced by a question addressed to the skein that is being wound and each with a different predominant assonance rhyme. In the first part, in response to the question '¿qué quieres hacer?' which introduces an assonance rhyme in –é–, the Muchacha 2.ª brings together some of the most important elements in the play: jasmine of dress (fragrance and delicacy, especially relevant to the Novia with its reminder of her white bridal purity – 'jazmines en la frente', 33 – that is now evolving to the

white emptiness of widowhood), paper-thin cloth (life's fragility,
especially relevant to the Novio, with an echo of the 'custodia de
cristal' in which the Madre would put the earth that had soaked up
the blood of her elder son, 42).[1] The brevity of life is emphasized in
the following two lines and these are followed by further images
relevant to the Novia and the Novio respectively: 'cadena a tus pies'
(a chain for the Novia who was chained by her love for Leonardo, 60)
and 'nudo que apriete amargo laurel' (a knot to squeeze life from the
Novio whose 'amor florido' has been equated with 'laurel florido',
28, 33). After an interlude reference to the wedding from which no
one has returned (with a different rhyme scheme), the girls pass to
the second question: 'Madeja, madeja, / ¿qué quieres cantar?', which
introduces an assonance rhyme in $-\underline{\acute{a}}-$, with further images of lost
life and illusion ('Heridas de cera, / dolor de arrayán'), a pointer to
the upturning of life's cycle, and a return to the thread (of life)
which is obstructed, advances and is finally cut – significantly, with
a knife – with an associated cutting off of the produce of the land,
which has been linked throughout the play with human fertility;
Introduction, xl–xli. In the third part of the song, to an assonance in
$-\underline{\acute{\imath}}-$, there are more specific references to the deaths of the Novio
and Leonardo and these interact with a further reference to the
thread ('Corre, corre, corre, / el hilo hasta aquí'). It is exactly parallel
to the *apparent* change of subject matter when the woodcutters
turned from their comments on the pursuit to their task as woodcutters (54). As in that case, so also here there is no real change of
subject matter: the red 'hilo' is not only the woollen thread but also
the thread of life – and it is relevant to recall that 'hilo' means not
only 'thread' but also 'trickle' (for example, of blood) – and the
'aquí' in 'hasta aquí' recalls the 'aquí' appointed by Beggar Death:
'aquí ha de ser, y pronto' (56). The song ends, appropriately, with a
typically Lorcan hard image of the dead men, stretched out, cold
and hard: ' ¡Cuerpos estirados, / paños de marfil!'

[1] *Cristal* here (64) refers to a very fine woollen material ('tela de lana
muy delgada y con algo de lustre', *Diccionario de la Real Academia
Española*). There may also be a secondary resonance of 'glass as one's
role [i.e. destiny] ' with a similar emphasis on life's fragility.

APPENDIX

The music of the Songs in
Bodas de sangre

Canción de las hilanderas

(pastorilmente)

El ritmo solamente indicado

dolcissimo   rit. molto

Coplas de la criada

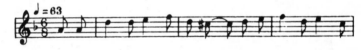

Copla del cortejo de bodas

Al sa — lir de tu ca — sa   pa — ra la i-

Pandereta 1.
Pandereta 2.
Castañuelas

85

Cantar de boda

Canción de cuna

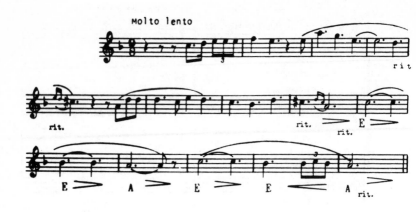

A SELECTED VOCABULARY

The following have in general been omitted from the vocabulary:
    1. words that a sixth-former can reasonably be expected to know with all meanings relevant to the text (e.g. **esperar,** *to hope, wait;* **querer,** *to want, love;* but NOT **copa,** *glass, tree-top;* **planta,** *plant, sole, foot;* **intención,** *intention, insinuation;* etc.);
    2. words that are similar in form and relevant meaning to the English (e.g. **perspectiva,** *perspective;* **geranio,** *geranium;* but NOT **rumor,** *murmur;* **infatuado,** *uppish;* **custodia,** *monstrance;* etc.);
    3. words whose meaning can be inferred from the context (e.g. **cuadro,** *scene;* **telón,** *curtain*) or from a mixture of form and context (**aparte,** *aside;* **retirar,** *to withdraw*);
    4. words that are dealt with in footnotes or endnotes.

The meanings given are those most helpful for a literal translation in the relevant context. Asterisked words are not in the text of *Bodas de sangre* but appear in the Introduction or in the Endnotes.

*abalanzarse sobre, to hurl oneself at, pounce on
abanico, fan
abatido, downcast, dejected
abrasar, to burn
acariciar, to caress
acecho, ambush, lying in wait
acero, steel
acompañamiento, retinue, wedding party
actitud, posture, stance
adelfa, rose-bay, oleander
ademán, gesture, motion
adquirir, to acquire, take on
afuera, out (with you)
agarrar, to seize
agrio, bitter, sharp
agrupar(se), to cluster, draw together

aguantar, to endure; **—se,** to restrain oneself
aguardar, to await
ahogar(se), to drown
alacena, (recessed) cupboard
alambre, wire
alcaparra, caper (fruit)
alcoba, bedroom, alcove
aldabonazo, loud knocking
alfiler, pin
algazara, hubbub, joyful din
aliento, breath
aljibe, water tank
almendra, almond
almohada, pillow
alumbrar, to light up
amante, lover
amargo, bitter
amarrar, to hitch (tie) up

amasar, to knead
amo, master
amparar, to protect
anegar, to drown, overcome
angustia, anguish, distress
angustiado, anguished, distressed
animoso, spirited, lively
anís, anis (liqueur)
ansia (de), longing, yearning (for)
apagar, to extinguish, silence
apartar (se), to pull (draw) back
    (away, aside), part, separate
apoyarse, to lean
apretar, to tighten, squeeze
arcón, chest
ardiente, burning
arisco, surly
arrancar, to pull off (out), tear
    off (out)
arranque, impulse, outburst
arrastrar, to drag along
arrayán, myrtle
*arrebatar, to snatch
arrepentirse, to repent, back out
arrinconado, shut away, cooped
    up
arrodillarse, to kneel
arroyo, stream
asomarse, to look out (in), appear
asombrado, startled, astonished
asustarse, to be frightened
aterrar, to terrify, fill with dread
atisbar, to spy on
atreverse, to dare
azahar, orange blossom
azófar, brass
azotar, to whip, lash

bandeja, tray
bandera, flag, banner

bando, side, faction
baranda, railing
barbilla, chin
barquillo, biscuit, wafer
barro, mud
belfo, animal's lips, muzzle
bendecir, to bless
bendición, blessing
bendito, blessed
bisabuelo, great-grandfather
blando, soft, gentle
bordado, embroidery
bordar, to embroider
de brasa, aglow
brazado, armful
bribón, scoundrel
brida, bridle, rein
brizna, blade, wisp
brotar, to sprout
brusco, sudden, brusque
buey, ox
bullir, to stir, bubble, seethe

¡ca! oh no! not likely! no fear!
caballería, horse, mount
cabellera, hair
cabello, hair
cabezada, butt, toss
cadena, chain
cadera, hip, hip-pad
calzar, to put on (footwear)
camelia, camellia
camisa, chemise, slip
camposanto, graveyard
cántaro, pitcher
cañada, gully, ravine
cañón, barrel
capital, estate, fortune
cardo, thistle
caricia, caress

caridad: tener –, to have pity
canmesí, crimson
carrera, race, racing, run(ning)
caso: hacer –, to pay attention
casta, breed, stock, race
caza, hunt
ceniza, ash
cera, wax
cerámica, pottery, ceramics
cercar, to surround, hem in
cerco, circle, cordon
cerezo, cherry tree
cerro, hill
cieno, slime, mire
cinta, ribbon
cintura, waist
cisne, swan
clarear, to glow light
*claro oscuro, chiaroscuro
clavar, to nail (up); drive (plunge)
in
clave, key
clavelina, pink, (small) carnation
clavo, nail
cobijar, to shelter, protect
cobre, copper utensil (or orna-
ment)
cofre, chest
cogidos del brazo, arm-in-arm
cola, tail; train (of dress)
colcha, coverlet, counterpane
comprometerse, to give one's
word
conforme, agreed
consuelo, consolation
consumirse, to waste (wither)
away, shrivel up
convidado, guest
convidar, to invite
copa, glass; tree-top

coronar, to crown
corpiño, bodice
*cortijo, farm(house)
cosecha, crop
coser, to sew
cresta, crest, comb
criarse, to grow up, be brought up
criatura, child
crines, mane
cruce, crossing
cumplir, to fulfil (what is expected of one), respond
cuna, cradle, crib, cot
custodia, monstrance

chaleco, waistcoat
charol, patent leather
chico, small
¡chisss!, hush! sh-h-h!
chocar, to shock, surprise
chorro, jet, spurt
choza, hut, shack
chumbera, prickly pear

dalia, dahlia
dar con, to meet (up with), find
delectación, delight, gloating
demostrar, to show, prove
derramar(se), to pour (spill) out
*desarrollo, development
descalzo, barefoot(ed)
descendencia, (family) line
descuidar, not to worry
desenterrar, to disinter, dig up
desgarrado, torn, rent, piercing
desorbitado, popping (out, from
its socket)
despachado, rejected, cast aside
despegar, to unstick, detach
despego, emptiness, sense of loss

despejar, to clear
devanar, to wind
dichoso, happy, lucky
dientes: entre —, muttering, muttered,· under one's breath
disgustar, to displease, annoy, upset
*****disparar,** to fire
dispensar, to forgive, excuse
doncella, maiden

emboscada, ambush, concealment
empapado, soaked
enagua, petticoat, underskirt
encaje, lace(work)
encarnado, red
endurecido, hardened
engañar, to deceive
enmarañar, to enmesh, entangle
enterarse (de), to find out (about), understand
enterrar, to bury
entonación, harmonization, interplay
*****entrañas,** entrails; deep inside
*****entregarse,** to give oneself up
entretener, to (cause) delay, hold up; **—se,** to delay, stay long
entusiasmarse, to become excited, be thrilled
envejecer, to grow old
envolver, to envelop
escama, scale
escarcha, (hoar) frost
escopeta, shotgun
escupir, to spit (out)
esencia, perfume, scent
espantarse, to take fright
esparto, esparto (grass)

espiga, ear (of grain)
espina, thorn
espuela, spur
estanque, pool
estatura, stature, height
estirado, stretched out
estremecido, quivering, trembling
estrujar, to squeeze (wring) out
exhalación, shooting star; **como una** —, like lightning
expuesto a, exposed to, liable to, with the risk of

*****fastidiarse,** to go to hell
feria, fair, market
fiebre, fever
figurar, to appear
filo, (sharp) edge
fin, end, goal, objective
fingido, feigned
flojo, weak
florido, in flower
fondo: al —, in the background; **a** —, really well, thoroughly
fortaleza, (show of) power, strength or resolution
*****frenesí,** frenzy
fresco, fresh, cool; unabashed, saucy; as large as life
*****fugado,** fugitive, eloper
fulminante, explosive, thundering
fundir, to fuse, join

galán, galana, handsome, fair, elegant, radiant; fair youth, fair maid
garfio, hook, claw
gasa, gauze
gemido, moan, groan
gemir, to moan, whine, lament

girar, to turn
girasol, sunflower
*glú-glú, gurgling
golondrina, swallow
golpe, blow, throbbing; — de mar,
   surging sea
gorra, bonnet
granate, garnet (-coloured), wine-
   coloured
grillo, cricket
grueso, thick
*grupa, hindquarters

hacha, axe
heredar, to inherit
herencia, inheritance
herrador, farrier, blacksmith
herradura, horse-shoe
hierba, grass; mala —, weed;
   — amarga, bitter weed
hilo, thread, strand; (piece of)
   linen
hoja, leaf
holanda, cambric, fine linen
honradez, honour(ableness),
   virtue
*hormiguita, little ant
hoz, sickle
huertecilla, (little) plot (for vege-
   tables or fruit-trees)
huerto, (kitchen) garden

inclinar, to bow
infatuado, uppish, pert
*inferir, to inflict, offer
*insólito, unusual, strange
intención, intention, insinuation

jaca, pony, small horse
jarro, jug

jaspe, jasper
jazmín, jasmine
jinete, rider
junco, reed, rush

*labrado, worked, embroidered
ladera, hillside
lamer, to lick
lazo, bow, ribbons
lecho, bed
legua, (Spanish) league (approx.
   3½ miles)
leñador, woodcutter
ligero, light
limo, slime
lograr, to manage to, succeed in
   —ing
lucero, morning star
lucido, magnificent, superb,
   gorgeous
lucir, to shine, show up, look nice
lucha, fight, struggle, conflict
lugar, place, chance, opportunity
lujo, luxury, lavishness, extrava-
   gance
lumbre, fire, light

llaga, wound
llama, flame
llano, plain
llanto, lament(ation), weeping,
   tears

machacar, to smash (to bits)
macho, (emphatically) masculine,
   virile
madeja, skein
madrugada, early morning
maldito, curse(d)
maleza, undergrowth

manada, herd
*manantial, spring, fountain
manar, to flow with, flow (spring) from
manejador, handler
manejar, to handle
manta, blanket
manto, shawl
marchito, withered
marearse, to get sick
marfil, ivory
maroma, rope
mecer, to rock (to sleep), lull
medidor, measurer, weigher
mejilla, cheek
mendiga, beggar woman
menear, to move about
meseta, (dry) tableland
mezclar, to mix, mingle
miel, honey
modoso, well-behaved
mojar, to wet, damp(en), soak
montón, pile, heap, drift
mordisco, bite
mortaja, shroud
mozo, youth, lad, young man
mudo, mute, silent
muñeca, wrist
murmullo, murmur(ing)
musgo, moss
muslo, thigh
mutis, exit

nana, lullaby
naranjel, orange grove
navaja, (clasp-) knife
nogal, walnut tree
noviazgo, engagement
nublo, storm cloud
nudo, knot, lump

obedecer, to obey
ocultar(se), to hide
*ofuscación, confusion
olivar, olive grove
onda, wave
orgullo, pride

palillo, castanet
pámpano, vine shoot, tendril
pana, velveteen, corduroy
pandereta, tambourine
pantorrilla, calf
paño, cloth
pastora, shepherdess
pata, leg, foot, hoof
pedazo, piece, scrap
pedernal, flint
pedrada, blow with a stone
pedrusco, (lump of) stone
peinado, hair(do)
pendiente, ear-ring
*perjudicar, to damage, harm, impair
perra, bitch
perseguir, to pursue
personaje, character
*petición, asking, request
picar, to prick, sting, smart
*piropo, (amorous) compliment
plan: en — confidencial, in a confidential manner
planta, plant; sole, foot
plantación, planting
plata, silver
plateado, silvery
pliegue, fold
plisar, to pleat
plumilla, (little) feather
poderío, power
podrido, rotted

portón, large door
preciso, necessary
prender, to fasten, fix
presidio, prison
preso, seized, prey
probar, to take, touch; try (on)
procurar, to try
provechoso, of benefit, of profit
punto de media, knitting
puñado, handful, fistful
puñal, dagger

quebrar(se), to crack, break (open)
quejarse, to complain, lament, whine
quieto, motionless, still(ed), calm

raíz, root
ralea, breed
ramo, bunch, sprig, spray
rana, frog
raso, satin
reaccionar, to change mood, pull oneself up
recién nacido, new-born
recoger, to gather (pick) up; reap
a la redonda, around
relaciones: estar en —, to be courting
relinchar, to neigh, whinny
relucir, to shine
relumbrante, shining, glittering, dazzling
relumbrar, to shine brightly
reparto, cast(-list)
repicar, to peal (out)
requiebro, (amorous) compliment
resplandor, brightness, radiance
reventar, to ride hard (to exhaustion or death); burst; peg out
rocío, dew
rodar, to go round
rosco de vino, wine cake
rostro, face
roturación, ploughing, breaking up
rozar, to brush (against), caress
rueda, wheel; round
ruiseñor, nightingale
rumor, murmur

sábana, sheet
sagrado, consecrated, holy
santiguarse, to cross oneself
secano, dry land
seco, dry, dried up; brusque, sharp, curt
segador, reaper
segar, to reap, cut down
seguido, continuous, unbroken
sembrar, to sow
semilla, seed
sentar, to seat; suit
sentido, sense
señalado, appointed
siempre, always; still, all the same
sien, temple
silbo, hiss(ing)
simiente, seed
sino, fate, destiny
sinrazón, folly
siquiera, just, at least; **no ... —,** not even, not so much as
sobresalto, start, jump
solapa, lapel
soltar, to let go, leave loose
sollozar, to sob
sombrío, dark(ish), shadowy, sombre

soñoliento, sleepy, slumbering, as in a dream
sosegar, to rest
sosiego, calm(ness)
sudar, to sweat
suegra, mother-in-law
suelto, (got) loose
surgir, to arise, appear

tallo, stem, stalk, shoot
tapar, to cover, block (up, off), shroud
tapia, wall
*****tejido,** tissue, substance
tela, material
tender, to stretch out, lay out
tenue, thin, flimsy
teñido, stained
terrera, rough land
tesoro, treasure
tierno, tender, affectionate
*****tiro,** shot
tobillo, ankle
toca, head-dress
topacio, topaz
toronjil, grapefruit (*also* orange) grove

transido, overwhelmed, overcome
trenza, plait, braid
tropezar con, to stumble (run up) against
tumbado, stretched out, sprawled

uña, (finger-)nail

vacilar, to hesitate
vara, yard (approx.)
variar, to change
varón, male
velar, to be awake, watch
velo, veil
veneno, poison
vengarse, to take revenge
verdeoscuro, dark green
vereda, path
vergonzoso, bashful
víbora, viper
vidrio, (splinter of) glass
viña, vineyard
volverse, to turn back
vuelo, flight

zaguán, entrance, doorway
zamarrear, to shake